大人《おとな》も知《し》らない？

日《に》本《ほん》文《ぶん》化《か》のなぞ事《じ》典《てん》

日本文化のなぞ研究会／編
いぢちひろゆき／イラスト
藤井青銅（作家）／監修

MICRO MAGAZINE

はじめに

「どうしてこうなってるの？　なんでそうしなきゃいけないの？」

と、ふと気《き》になることってありますよね。気《き》になると誰《だれ》かに聞《き》きたくなる。すると多《おお》くの場合《ばあい》、

「日本《にほん》では昔《むかし》からそういうものだから」

という答《こた》えが返《かえ》ってきます。

「ふ～ん。その昔《むかし》って、いつなの？」

こうなると、大人《おとな》でもたいていよく分《わ》かりません。

見回《みまわ》すと、私《わたし》たちの日本文化《にほんぶんか》には「どうして？」「いつから？」の〈なぞ〉があふれています。知《し》

らなくても困《こま》らないのですが、探《さぐ》ってみると意外《いがい》な発見《はっけん》があるし、納得《なっとく》するし、何《なに》よりも面白《おもしろ》くて楽《たの》しい！　これを〈知的好奇心《ちてきこうきしん》〉といいます。

つまり「どうして？」「いつから？」がいっぱいあれば、その向《む》こうには「面白《おもしろ》くて楽《たの》しい」がいっぱい待《ま》っているということなのです。

一《ひと》つのことが分《わ》かると、次《つぎ》のことが知《し》りたくなる。それが分《わ》かるとまた次《つぎ》のことが……。これを繰《く》り返《かえ》していくといつの間《ま》にか、あなたは昨日《きのう》までのあなたとは違《ちが》っているのです。見《み》た目《め》は変《か》わらなくても、心《こころ》の中《なか》がね。

この本《ほん》でそれを見《み》つけてみましょう。

作家《さっか》・藤井青銅《ふじいせいどう》

パンパン
ペコペコ
何!?
ムズい…!
ペコ

オレ！
BUSHI
?!

もうちょっと早く来なよー
ミーンミーン
今年の初詣です

まじでお命ちょうだいつかまつる！
まじでやめて！

人間にもウロコがあった!
ええーっ!!
ポロリ

スタッフ募集
仕事内容
おもに諜報活動(まれに暗殺あり)
身体能力が高いわりに存在感の薄い方歓迎♡
働きながら忍びの術(スキル)を身につけられます!

医者としての腕はどうなの?
神の手です

起立、気をつけ、礼!
さようならばみなさまお別れです
リズム悪っ!

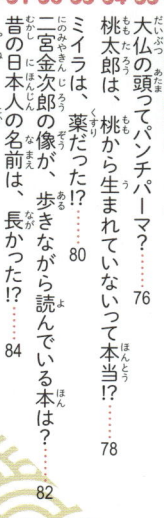

うま
そーだ！

どの指まで切ったか分かんなくなった……
電気つけなよ―！

ゴーッ
ゴーッ
ヤバい！年内に食い切らねば！
ズズーッ

キミの飼い主どう？
ケチだよ

一章《いっしょう》

伝統《でんとう》・しきたり・習慣《しゅうかん》の"なぞ"

大人《おとな》も知《し》らない？　日本文化《にほんぶんか》のなぞ

1

お正月《しょうがつ》の初詣《はつもうで》には、長《なが》い伝統《でんとう》があるの？

「初詣《はつもうで》」という風習《ふうしゅう》を広《ひろ》めたのは、鉄道会社《てつどうがいしゃ》だった!?

新《あたら》しい年《とし》のはじめに、家族《かぞく》や友人《ゆうじん》と「初詣《はつもうで》」。おみくじを引《ひ》いたりもして、「伝統行事《でんとうぎょうじ》はやっぱりいいものだねえ」と晴《は》れやかな気持《きも》ちになるひとときですが、実《じつ》は初詣《はつもうで》が始《はじ》まったのは明《めい》治時代《じじだい》になってから。古《ふる》くから行《おこな》われていた「年籠《としごも》り」や年明《としあ》けの縁日《えんにち》に参《さん》詣《けい》する「初縁日《はつえんにち》」、恵方《えほう》にあたる寺社《じしゃ》に詣《もう》でる「恵方詣《えほうまい》り」がミックスされ、さらに明治時代《めいじじだい》の新産業《しんさんぎょう》である鉄道会《てつどうがい》社《しゃ》が鉄道利用《てつどうりよう》をうながすために沿線《えんせん》にある寺社《じしゃ》への参拝《さんぱい》を新聞《しんぶん》で宣伝《せんでん》したことで、一気《いっき》に広《ひろ》がりました。

コラム

初詣《はつもうで》のタイミングには、実《じつ》は厳格《げんかく》な定《さだ》めがありません。いつ行《い》ったとしても、その年《とし》の最初《さいしょ》の参拝《さんぱい》が初詣《はつもうで》。とはいえ、正月三《しょうがつさん》が日《にち》か1月中《がつちゅう》に、というのが一般的《いっぱんてき》です。

2

神社《じんじゃ》でのお参《まい》り、お作法《さほう》を守《まも》らないとご利益《りやく》がない？

江戸時代《えどじだい》は、みんな自由《じゆう》に拝《おが》んでいた⁉

神社《じんじゃ》の拝《おが》み方《かた》の「二礼二拍手一礼《にれいにはくしゅいちれい》」が昔《むかし》からの決《き》まり事《ごと》だと教《おし》えられた人《ひと》は多《おお》いでしょう。「あれ、どうだっけ？」と忘《わす》れた時《とき》は、前《まえ》の人《ひと》の拝《おが》むのを見《み》てまねをして切《き》り抜《ぬ》ける……。ドギマギ緊張《きんちょう》する瞬間《しゅんかん》です。だけど、明治《めいじ》より前《まえ》の時代《じだい》は、お辞儀《じぎ》をしながら合掌《がっしょう》するなど、みんな自由《じゆう》に拝《おが》んでいました。

今《いま》の形《かたち》になったのには諸説《しょせつ》ありますが、「明治政府《めいじせいふ》が国《くに》をまとめるために神社《じんじゃ》を拝《おが》む正式《せいしき》な儀式《ぎしき》を定《さだ》めた」とか「浸透《しんとう》したのは戦後《せんご》になってからだ」とか、いろいろといわれています。

コラム

島根県《しまねけん》にある出雲大社《いづもおおやしろ》では「二礼四拍手一礼《にれいよんはくしゅいちれい》」が参拝《さんぱい》の作法《さほう》とされていて、5月《がつ》14日《か》の例祭《れいさい》（毎年決《まいとしき》まった日《ひ》に行《おこな》われるお祭《まつ》り）のみ「二礼八拍手一礼《にれいはちはくしゅいちれい》」となります。このように、すべての神社《じんじゃ》が「二礼二拍手一礼《にれいにはくしゅいちれい》」というわけではありません。

大人《おとな》も知《し》らない？　日本文化《にほんぶんか》のなぞ

3

正月遊《しょうがつあそ》びの「凧《たこ》」は、昔《むかし》は「イカ」だった？

江戸《えど》っ子《こ》のへ理屈《りくつ》が「凧《たこ》」の始《はじ》まり!?

お正月《しょうがつ》に凧《たこ》あげをして遊《あそ》んだことはありますか？　紙《かみ》の尾《お》をなびかせて空《そら》を舞《ま》う「凧《たこ》」は、平安時代《へいあんじだい》に中国《ちゅうごく》から伝来《でんらい》した時《とき》には、紙《かみ》でできた「トンビ」といい、その後《ご》、江戸時代初期《えどじだいしょき》までは「イカ」と呼《よ》ばれ、イカをあげる「イカのぼり」は庶民《しょみん》の間《あいだ》で大流行《だいりゅうこう》したそうです。ところが、あまりに夢中《むちゅう》になりすぎる様子《ようす》を危《あや》うく思《おも》った幕府《ばくふ》は、「イカのぼり」禁止令《きんしれい》を出《だ》します。それに対《たい》し江戸《えど》っ子《こ》たちは、「これはイカじゃない、タコだ」とへ理屈《りくつ》を言《い》って遊《あそ》びをやめなかったのだとか。

コラム

中国《ちゅうごく》の思想書《しそうしょ》『韓非子《かんぴし》』に「墨翟《ぼくてき》（中国戦国時代《ちゅうごくせんごくじだい》の哲学者《てつがくしゃ》）が木《き》で凧《たこ》を作《つく》り空《そら》を飛《と》んだ」との記録《きろく》があり、これが最古《さいこ》だとすると「凧《たこ》」は約《やく》2000年以上前《ねんいじょうまえ》から存在《そんざい》していたことになります（諸説《しょせつ》あり）。

4

なぜ日本《にほん》の国旗《こっき》は「日《ひ》の丸《まる》」なの？

日本《にほん》の船《ふね》を見分《みわ》けるための目印《めじるし》が必要《ひつよう》だった！

日本《にほん》が海外《かいがい》の国々《くにぐに》との交流《こうりゅう》を絶《た》つ「鎖国《さこく》」を本格的《ほんかくてき》に始《はじ》めたのは1639年《ねん》のことですが、1853年《ねん》にアメリカの海軍提督《かいぐんていとく》ペリーの来航《らいこう》をきっかけに開国《かいこく》へ向《む》かいます。その際《さい》、外国《がいこく》の船《ふね》と日本《にほん》の船《ふね》を見分《みわ》けるための目印《めじるし》として、「白地《しろじ》に朱《しゅ》の日《ひ》の丸《まる》」の帆《ほ》が日《に》本《ほん》の船《ふね》に掲《かか》げられるようになり、西暦《せいれき》1870年《ねん》には「日《ひ》の丸《まる》」が国旗《こっき》と定《さだ》められました。日《ひ》の丸《まる》のデザインは、昇《のぼ》る太陽《たいよう》を表《あらわ》しています。また、白《しろ》は清《きよ》くけがれのない心《こころ》を、赤《あか》はウソのない真心《まごころ》を意味《いみ》しているそうです。

コラム

「日《ひ》の丸《まる》」のデザインが確定《かくてい》したのは1999年《ねん》に「国旗及《こっきおよ》び国歌《こっか》に関《かん》する法律《ほうりつ》」が施行《しこう》された時《とき》で、その歴史《れきし》から考《かんが》えるとずいぶん最近《さいきん》です。この時《とき》、旗《はた》の縦横《たてよこ》の比率《ひりつ》は２：３、赤丸《あかまる》の大《おお》きさは縦《たて》の長《なが》さの５分《ぶん》の３と正式《せいしき》に決《き》められました。

大人《おとな》も知《し》らない？　日本文化《にほんぶんか》のなぞ

5

「正座《せいざ》」って本当《ほんとう》に必要《ひつよう》ですか？

戦国時代《せんごくじだい》までのお姫様《ひめさま》は、ひざを立《た》てて座《すわ》っていた!?

近頃《ちかごろ》は畳敷《たたみじ》きの和室《わしつ》が少《すく》なくなり、正座《せいざ》する機会《きかい》がどんどん減《へ》っています。日本《にほん》の伝統《でんとう》が消《き》えていく——と思《おも》ってしまいそうですが、戦国時代《せんごくじだい》まではお姫様《ひめさま》も武将《ぶしょう》も、茶人《ちゃじん》の千利休《せんのりきゅう》でさえも「立膝《たてひざ》」か「胡坐《あぐら》」座《ずわ》りでした。正座《せいざ》は座《すわ》り方《かた》の一《ひと》つとしてはありましたが、神仏《しんぶつ》を拝《おが》む時《とき》などの特別《とくべつ》な座《すわ》り方《かた》でした。それが江戸時代《えどじだい》に武家《ぶけ》の作法《さほう》として取《と》り入《い》れられ、次第《しだい》に一般庶民《いっぱんしょみん》にも広《ひろ》まりました。そもそも「正座《せいざ》」と呼《よ》ばれるようになったのは、１８８２年《ねん》頃《ごろ》からです。

コラム

「正座《せいざ》をすると足《あし》が短《みじか》くなる」という話《はなし》を聞《き》いたことがありませんか？　しかし実際《じっさい》は、昔《むかし》と現在《げんざい》とで子《こ》どもたちの骨格《こっかく》が変化《へんか》しているのであって、正座《せいざ》は関係《かんけい》ないそうです。長時間《ちょうじかん》の正座《せいざ》で血流《けつりゅう》が悪《わる》くなってしびれることもありますが、一方《いっぽう》で正座《せいざ》をすると姿勢《しせい》がよくなるというメリットもあるようです。

大人《おとな》も知《し》らない？　日本文化《にほんぶんか》のなぞ

6

相撲《すもう》は「国技《こくぎ》」って、誰《だれ》が決《き》めたの？

国技館《こくぎかん》という名《な》の建物《たてもの》ができて、「相撲《すもう》は国技《こくぎ》」になった⁉

相撲《すもう》の歴史《れきし》は神話《しんわ》の時代《じだい》からあります。といっても、それは力自慢《ちからじまん》の男《おとこ》たちの取《と》っ組《く》み合《あ》いの闘《たたか》いというだけで、「相撲《すもう》」と呼《よ》ばれるようになったのは西暦《せいれき》７２０年頃《ねんごろ》。さらに今《いま》のように土《ど》俵《ひょう》があり行司《ぎょうじ》がいるスタイルになったのは安土桃山時代《あづちももやまじだい》のようです。日本人《にほんじん》が相撲好《すもうず》きなのは間違《まちが》いなさそうですが、「国技《こくぎ》」と呼《よ》ばれることになるのは１９０９年《ねん》——両国《りょうごく》に初《はじ》めて造《つく》られた相撲《すもう》のための常設館《じょうせつかん》が開館《かいかん》する際《さい》に、建物《たてもの》の名前《なまえ》を「国技館《こくぎかん》」と決《き》めたのが始《はじ》まりです。

コラム

日本《にほん》には、そもそも法令《ほうれい》で定《さだ》められた「国技《こくぎ》」はありません。海《かい》外《がい》でも同様《どうよう》のことが多《おお》く、その国《くに》で人気《にんき》がある競技《きょうぎ》をなんとなく「国技《こくぎ》」と呼《よ》ぶことが多《おお》いようです。

大人《おとな》も知《し》らない？　日本文化《にほんぶんか》のなぞ

7

お花見《はなみ》の「花《はな》」は、桜《さくら》じゃないといけないの？

「花見《はなみ》といえば桜《さくら》」のイメージは、平安時代《へいあんじだい》に広《ひろ》まった⁉

桜《さくら》（ソメイヨシノ）はパッと散《ち》る潔《いさぎよ》さが美《うつく》しく、それが日本人《にほんじん》の伝統的美《でんとうてきび》意識《いしき》だといわれます。一方《いっぽう》で「世《よ》の中《なか》にたえて桜《さくら》のなかりせば春《はる》の心《こころ》はのどけからまし」（在原業平《ありわらのなりひら》）といった、散《ち》る桜《さくら》（山桜《やまざくら》）を惜《お》しむ和歌《わか》も詠《よ》まれました。奈良時代《ならじだい》は梅《うめ》の花《はな》が人気《にんき》でしたが、平安時代以降《へいあんじだいいこう》は花《はな》といえば桜《さくら》。江戸時《えどじ》代《だい》には八代将軍《はちだいしょうぐん》・吉宗《よしむね》があちこちに桜《さくら》を植《う》えさせたことで、庶民《しょみん》の間《あいだ》でも花見《はなみ》が一般化《いっぱんか》しました。当時《とうじ》は様々《さまざま》な種類《しゅるい》の桜《さくら》があり、一カ月《いっかげつ》にわたって花《はな》見《み》を楽《たの》しむことができたそうです。

コラム

日本列島《にほんれっとう》の桜《さくら》の品種《ひんしゅ》の約《やく》８割《わり》が「ソメイヨシノ」です。ソメイヨシノは江戸《えど》時代《じだい》後期《こうき》に作《つく》り出《だ》された１本《ぽん》の原木《げんぼく》をもとにした接《つ》ぎ木《き》か挿《さ》し木《き》によってしか増《ふ》やせません。同《おな》じ遺伝子《いでんし》を持《も》つクローンなので、一斉《いっせい》に咲《さ》いて一斉《いっせい》に散《ち》るのです。

8

「武士道《ぶしどう》」って、なんですか？

「武士道《ぶしどう》」は、日本人《にほんじん》の道徳観《どうとくかん》の宣伝《せんでん》のために作《つく》られた⁉

「武士道《ぶしどう》」という言葉《ことば》からは「これぞ、武士《ぶし》の生《い》き方《かた》！」というイメージが浮《う》かびますが、江戸時代初期《えどじだいしょき》に書《か》かれた軍学書《ぐんがくしょ》『甲陽軍鑑《こうようぐんかん》』で最初《さいしょ》に使《つか》われた時《とき》は、生《い》き方《かた》を指《さ》すものではありませんでした。日清戦争《にっしんせんそう》の後《あと》、世界《せかい》から野蛮《やばん》な国《くに》だと見《み》られることに「カチン！」ときた教育者《きょういくしゃ》・新渡戸稲造《にとべいなぞう》が「日本《にほん》は道徳《どうとく》の行《い》き届《とど》いた国《くに》だ」と訴《うった》える宣伝《せんでん》文句《もんく》として使《つか》ったのが、現在《げんざい》の「武士道《ぶしどう》」イメージの始《はじ》まり。新渡戸《にとべ》は西洋《せいよう》の「騎士道《きしどう》」に対応《たいおう》する言葉《ことば》として「武士道《ぶしどう》」を使《つか》ったようです。

コラム

新渡戸稲造《にとべいなぞう》が 1900 年《ねん》に書《か》いた『武士道《ぶしどう》（Bushido《ブシドー》：The《ザ》 Soul《ソウル》 of《オブ》 Japan《ジャパン》）』。最初《さいしょ》は英語《えいご》で書《か》かれて、アメリカで出版《しゅっぱん》されました。アメリカのセオドア・ルーズベルト大統領《だいとうりょう》やジョン・F《エフ》・ケネディ大統領《だいとうりょう》が読《よ》んで感動《かんどう》したという話《はなし》が残《のこ》っています。

9

「おじぎ」をするのは日本人《にほんじん》だけ？

おじぎをする習慣《しゅうかん》は、世界中《せかいじゅう》にあります

おじぎは漢字《かんじ》で「御辞儀《おじぎ》」と書《か》き、頭《あたま》を下《さ》げて礼《れい》をするという意味《いみ》です。実《じつ》は、おじぎの習慣《しゅうかん》は外国《がいこく》にもあり、日本《にほん》には仏教《ぶっきょう》が広《ひろ》まった500年《ねん》から800年頃《ねんごろ》に中国《ちゅうごく》から伝《つた》わったといわれています。ただし動作《どうさ》の種類《しゅるい》が豊富《ほうふ》で、目的《もくてき》によって使《つか》い分《わ》けているのが日本《にほん》のおじぎの特徴《とくちょう》。たとえば朝夕《あさゆう》の挨拶《あいさつ》なら上体《じょうたい》を15度《ど》くらい曲《ま》げる「会《え》釈《しゃく》」、お客様《きゃくさま》や目上《めうえ》の人《ひと》への挨拶《あいさつ》は30度《ど》倒《たお》した「敬礼《けいれい》」、さらに敬意《けいい》や感謝《かんしゃ》、お詫《わ》びの気持《きも》ちを込《こ》める「最敬礼《さいけいれい》」は45度《ど》くらい傾《かたむ》けます。

コラム

新型《しんがた》コロナウイルスが流行《りゅうこう》した時《とき》、感染拡大《かんせんかくだい》を避《さ》けるために握手《あくしゅ》やハグが制限《せいげん》される中《なか》、互《たが》いに敬意《けいい》や親《した》しみを表《あらわ》すための「おじぎ」がアメリカやヨーロッパでも一気《いっき》に広《ひろ》まりました。英語《えいご》でも「ojigi《オジギ》」で通《つう》じます。

大人《おとな》も知《し》らない？　日本文化《にほんぶんか》のなぞ

10

ご飯《はん》を食《た》べるのに「茶碗《ちゃわん》」というのは、なぜ？

もともとはお茶《ちゃ》を飲《の》むための器《うつわ》だったから

「茶碗《ちゃわん》」は中国《ちゅうごく》からお茶《ちゃ》が伝《つた》わった奈《な》良時代《らじだい》から平安時代《へいあんじだい》に、お茶《ちゃ》を飲《の》む陶《とう》器《き》として日本《にほん》にやって来《き》ました。その時《とき》の日本《にほん》は「飯椀《めしわん》」という木製《もくせい》の器《うつわ》でご飯《はん》を食《た》べていました。一方《いっぽう》、茶碗《ちゃわん》は抹茶《まっちゃ》を飲《の》む「抹茶碗《まっちゃわん》」、江戸時代《えどじだい》になると煎茶《せんちゃ》を飲《の》む「煎茶碗《せんちゃわん》」、お湯《ゆ》を飲《の》む「湯呑茶碗《ゆのみぢゃわん》」などが現《あらわ》れて、江戸時《えどじ》代中期《だいちゅうき》には洗《あら》いやすい器《うつわ》にご飯《はん》を入《い》れる「ご飯茶碗《はんちゃわん》」が登場《とうじょう》します。いつしか碗型《わんがた》の陶磁器《とうじき》はすべて「茶碗《ちゃわん》」と呼《よ》ばれるようになったので、ご飯《はん》を食《た》べる用途《ようと》でも「茶碗《ちゃわん》」というのです。

コラム

食器《しょっき》の「わん」を表《あらわ》す漢字《かんじ》には「碗《わん》」「鋺《わん》」「椀《わん》」などがあり、材《ざい》料別《りょうべつ》に部首《ぶしゅ》が異《こと》なる字《じ》を使用《しよう》します。中国《ちゅうごく》は陶磁器《とうじき》の「碗《わん》」、朝《ちょう》鮮半島《せんはんとう》は金属《きんぞく》の「鋺《わん》」、日本《にほん》は木製《もくせい》の「椀《わん》」が発達《はったつ》しました。

11
節分《せつぶん》に「自分《じぶん》の年齢《ねんれい》の数《かず》の豆《まめ》」を食《た》べるのは、なぜ？

年齢《ねんれい》を確認《かくにん》し、新《あら》たな一年《いちねん》の無事《ぶじ》を祈《いの》る

昔《むかし》の暦《こよみ》（旧暦《きゅうれき》）では、今《いま》の2月《がつ》の節《せつ》分《ぶん》の翌日《よくじつ》が新《あたら》しい年《とし》の始《はじ》まりとされていました。年越《としこ》しの夜《よる》には悪《わる》いもの（鬼《おに》）が家《いえ》に入《はい》りやすいという迷信《めいしん》があり、鬼《おに》を退治《たいじ》する豆《まめ》まきは、室町時《むろまちじ》代《だい》にはすでに行《おこな》われていたという記録《きろく》が残《のこ》っています。豆《まめ》には魔《ま》を滅《めっ》する力《ちから》（魔滅《まめ》）があると信《しん》じられていたので、そのための行事《ぎょうじ》です。豆《まめ》をまいた後《あと》に自分《じぶん》の年《とし》か、もしくはそれに一《ひと》つ足《た》した数《かず》の豆《まめ》を食《た》べるのは、年齢《ねんれい》を確認《かくにん》し、一年《いちねん》の厄除《やくよ》けを願《ねが》う「年取《としと》り豆《まめ》」と呼《よ》ばれる風習《ふうしゅう》です。

コラム

豆《まめ》まきで使《つか》う豆《まめ》は、必《かなら》ず「炒《い》り豆《まめ》」でなければいけません。「豆《まめ》を炒《い》る」＝「魔《ま》（の）目《め》を射《い》る」＝「魔滅《まめ》」となるからです。また、生《なま》の豆《まめ》を使《つか》って拾《ひろ》い忘《わす》れたものから芽《め》が出《で》てしまうと「縁起《えんぎ》が悪《わる》い」とされています。

大人《おとな》も知《し》らない？　日本文化《にほんぶんか》のなぞ

12

風鈴《ふうりん》は、「魔除《まよ》け」だった!?

風鈴《ふうりん》の音《おと》が聞《き》こえる範囲《はんい》にいれば、安心《あんしん》

風鈴《ふうりん》の発祥《はっしょう》は古代中国《こだいちゅうごく》で、もとは風《かぜ》が吹《ふ》く方向《ほうこう》で吉凶《きっきょう》を占《うらな》う道具《どうぐ》——青《せい》銅《どう》でできた「占風鐸《せんふうたく》」だったといわれています。日本《にほん》には奈良時代《ならじだい》にもたらされ、寺院《じいん》の四隅《よすみ》などにつるして音《おと》の聞《き》こえる範囲《はんい》を結界《けっかい》とする「魔除《まよ》け」として使《つか》われました。その後《ご》、平安貴《へいあんき》族《ぞく》たちも屋敷《やしき》に風鐸《ふうたく》をつるしたそうです。金属製《きんぞくせい》の大《おお》きなものだった風鐸《ふうたく》は、徐々《じょじょ》に小《ちい》さくなって「風鈴《ふうりん》」となります。江戸時代《えどじだい》になるとガラス製《せい》も作《つく》られるようになりました。

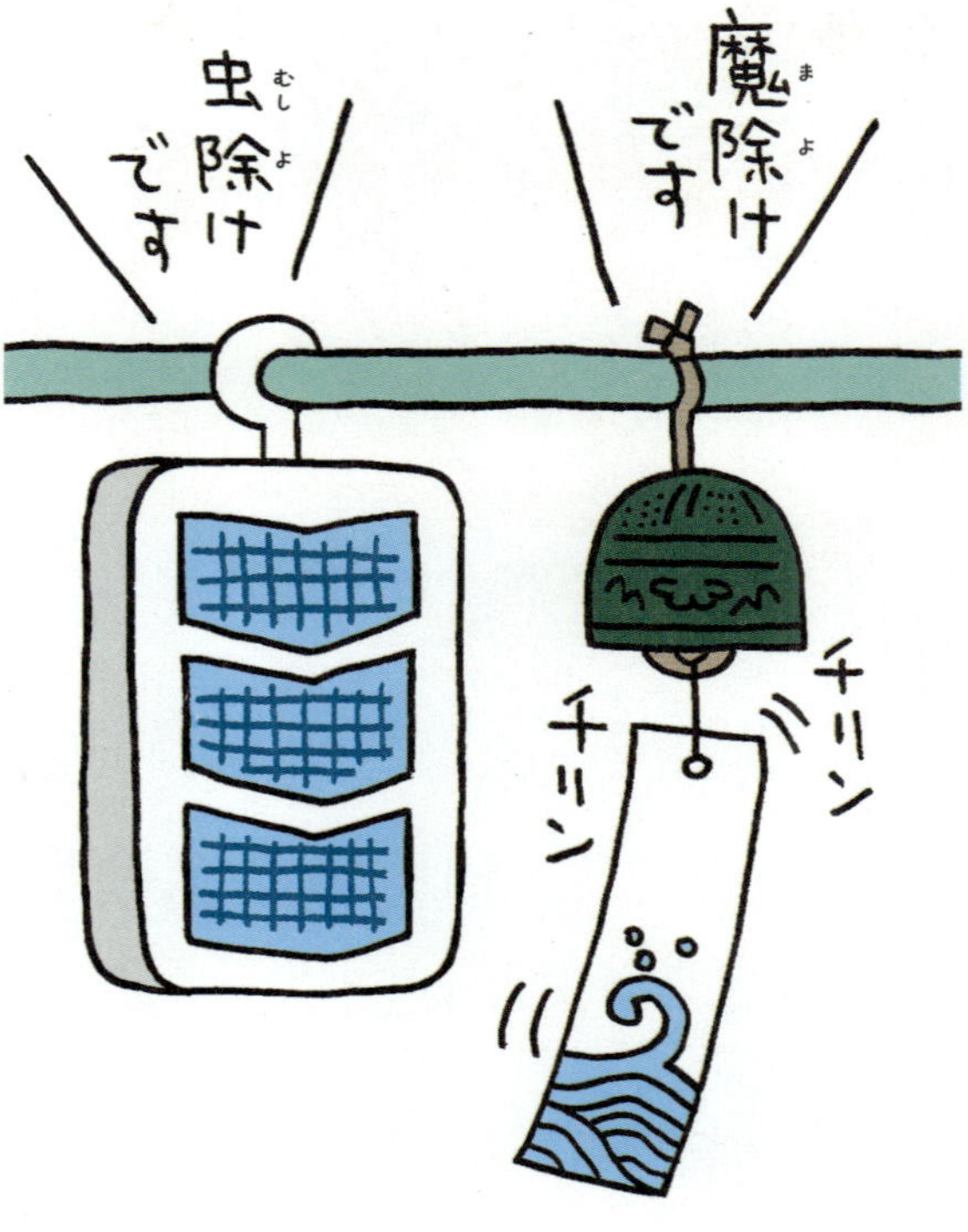

コラム

浄土宗《じょうどしゅう》の開祖《かいそ》・法然《ほうねん》が「風鐸《ふうたく》」を「風鈴《ふうれい》」と名《な》付《づ》けたことから、のちに「ふうりん」と読《よ》まれるようになり、その名前《なまえ》が一般的《いっぱんてき》になったとの説《せつ》があります。

13

お葬式《そうしき》の日《ひ》、どうしてみんな「黒《くろ》い服《ふく》」を着《き》るの?

奈良時代《ならじだい》に、誤解《ごかい》がもとで「白《しろ》」から「黒《くろ》」に!?

喪服《もふく》といえば黒《くろ》のイメージ。でも、かつて日本《にほん》の喪服《もふく》の色《いろ》は白《しろ》でした。飛鳥《あすか》時代《じだい》の大化《たいか》の改新《かいしん》で有名《ゆうめい》な中大兄皇子《なかのおおえのおうじ》が、葬儀《そうぎ》に白《しろ》い服《ふく》を着《き》たという古《ふる》い記《き》録《ろく》が残《のこ》っています。ところが奈良《なら》時代《じだい》に当時《とうじ》の人《ひと》が、中国《ちゅうごく》の文献《ぶんけん》にあった「錫衰《せきさい》(白《しろ》い麻布《あさぬの》)を着《き》る」の錫衰《せきさい》が分《わ》からず、字面《じづら》から「錫《せき》」を金属《きんぞく》の「錫《すず》」だと誤解《ごかい》して、葬儀《そうぎ》の衣装《いしょう》を錫《すず》の色《いろ》である墨色《すみいろ》と定《さだ》めたのです。ただし室町《むろまち》時代《じだい》に再《ふたた》び白《しろ》に戻《もど》り、長《なが》い間《あいだ》、喪服《もふく》の色《いろ》は白《しろ》でした。黒《くろ》い喪服《もふく》が一般的《いっぱんてき》になったのは第二次世界大戦後《だいにじせかいたいせんご》からです。

コラム

黒《くろ》い喪服《もふく》が定着《ていちゃく》したのは、大正時代《たいしょうじだい》から昭和時代《しょうわじだい》のたび重《かさ》なる戦争《せんそう》でお葬式《そうしき》の回数《かいすう》が増《ふ》えた時《とき》に、汚《よご》れが目立《めだ》たず着回《きまわ》せたことも理由《りゆう》の一《ひと》つといわれています。とても悲《かな》しい理由《りゆう》ですね。

14

七夕《たなばた》に願《ねが》い事《ごと》をするのは、なぜ？

もともとはお裁縫《さいほう》限定《げんてい》!?

七夕《たなばた》の起源《きげん》に関《かん》しては諸説《しょせつ》ありますが、奈良《なら》時代《じだい》の日本《にほん》に古代《こだい》中国《ちゅうごく》の織《おり》姫《ひめ》と彦星《ひこぼし》伝説《でんせつ》と、それにちなんだ「乞《き》巧奠《こうでん》」という行事《ぎょうじ》が伝来《でんらい》し、平安《へいあん》時代《じだい》から宮中《きゅうちゅう》行事《ぎょうじ》として行《おこな》われるようになったといわれています。乞巧奠《きこうでん》では織女星《しょくじょせい》にはた織《お》りや裁縫《さいほう》が上達《じょうたつ》するようにとお祈《いの》りし、梶《かじ》の葉《は》に和歌《わか》を書《か》いて願《ねが》い事《ごと》をしました。江戸《えど》時代《じだい》になると七夕《たなばた》は庶民《しょみん》の間《あいだ》にも広《ひろ》がり、五色《ごしき》の短冊《たんざく》に願《ねが》い事《ごと》を書《か》いて笹竹《ささたけ》につるし星《ほし》に祈《いの》るお祭《まつ》りに変化《へんか》して、現代《げんだい》につながるのです。

コラム

七夕《たなばた》の短冊《たんざく》は願《ねが》い事《ごと》によって色《いろ》が決《き》まってるって知《し》っていますか？　中国《ちゅうごく》の古代哲学思想《こだいてつがくしそう》・陰陽五行説《いんようごぎょうせつ》などの「仁義礼智信《じんぎれいちしん》」の考《かんが》え方《かた》に基《もと》づいて、「青《あお》（緑《みどり》）＝人間力《にんげんりょく》を高《たか》める」「白《しろ》＝自分《じぶん》の決《けつ》意《い》をまっとう」「赤《あか》＝他者《たしゃ》の健康《けんこう》や幸福《こうふく》」「紫《むらさき》（黒《くろ》）＝学業《がくぎょう》」「黄《き》＝人間関係《にんげんかんけい》」の短冊《たんざく》に願《ねが》い事《ごと》を書《か》くといいそうです。

コラム

旧暦《きゅうれき》と新暦《しんれき》の違《ちが》い、知《し》っていますか

私《わたし》たちが使《つか》っているカレンダーは地球《ちきゅう》が太《たい》陽《よう》の周《まわ》りを一周《いっしゅう》する期間《きかん》を「１年《ねん》」、その１年《ねん》を「365日《にち》」と定《さだ》めています。太陽《たいよう》の動《うご》きをもとにしているので、「太陽暦《たいようれき》」とも呼《よ》ばれる、これが「新暦《しんれき》」です。

一方《いっぽう》、1872年以前《ねんいぜん》は「旧暦《きゅうれき》」を使《つか》っていました。月《つき》（太陰《たいいん》）の満《み》ち欠《か》けと太陽《たいよう》の動《うご》きの両方《りょうほう》を参考《さんこう》にして作《つく》られた「太陰太陽暦《たいいんたいようれき》」には、多《おお》くのバリエーションがありますが、そのうちの「天保暦《てんぽうれき》」を一般的《いっぱんてき》に「旧暦《きゅうれき》」と呼《よ》びます。新月《しんげつ》の日《ひ》を月《つき》の始《はじ》まりの「１日《ついたち》」とし、２日《ふつか》、３日《みっか》……と数《かぞ》え、次《つぎ》の新月《しんげつ》でまた「１日《ついたち》」になります。新月《しんげつ》から新月《しんげつ》までは平均《へいきん》して約《やく》29.5日《にち》、12カ月《かげつ》（１年《ねん》）で約《やく》354日《か》という計算《けいさん》になり太陽暦《たいようれき》より約《やく》11日《にち》短《みじか》くなるので、太陽《たいよう》の動《うご》きを参考《さんこう》にした「閏《うるう》月《づき》」を入《い》れ季節《きせつ》のずれを調整《ちょうせい》します。

二《に》章《しょう》

日《に》本《ほん》語《ご》の“なぞ”

15 「まじで!?」は江戸時代《えどじだい》から使《つか》われている？

「まじ」の歴史《れきし》は“まじ”250年超《ねんちょう》！

辞書《じしょ》で調《しら》べると「まじ」は「まじめの略《りゃく》」、日常《にちじょう》で使《つか》う時《とき》の「まじ？」は「それ、まじめに言《い》ってるの？」という、ちょっと疑《うたが》わしい気持《きも》ちを表《あらわ》すニュアンスだとあります。なんとなく若者《わかもの》の話《はな》し言葉《ことば》のイメージですが、実《じつ》は江戸《えど》時代《じだい》にも芸人《げいにん》たちの業界用語《ぎょうかいようご》として使《つか》われていました。当時《とうじ》の本《ほん》や歌舞伎《かぶき》の中《なか》の台詞《せりふ》として「まじ」が「まじめ」「本気《ほんき》」「真剣《しんけん》」という意味《いみ》で登場《とうじょう》しています。ただ「まじ、ムカつく」のように、「まじ」が「超《ちょう》」の意味《いみ》を持《も》ったのは最近《さいきん》のようです。

コラム

他《ほか》にも「もてる」・「びびる」（江戸《えど》時代《じだい》から）、「むかつく」（平安《へいあん》時代《じだい》から）などは、実《じつ》は昔《むかし》からずっと使《つか》われている言葉《ことば》です。

16

「ごちそうさま」って、どういう意味《いみ》？

走《はし》り回《まわ》って集《あつ》めてきてくれて「ありがとう」の気持《きも》ち

「ごちそうさま」は漢字《かんじ》で書《か》くと「御《ご》馳走様《ちそうさま》」。「馳走《ちそう》」というのは、大切《たいせつ》な人《ひと》のために馬《うま》で走《はし》り回《まわ》るという意味《いみ》です。スーパーマーケットも冷蔵庫《れいぞうこ》もない時代《じだい》には、食《た》べ物《もの》をすぐに手《て》に入《い》れることも、長《なが》く保存《ほぞん》することもできません。料理《りょうり》でもてなすためには、馬《うま》を走《はし》らせ食《た》べ物《もの》を集《あつ》める必要《ひつよう》がありました。そのことに感謝《かんしゃ》する気持《きも》ちから、料理《りょうり》に敬語《けいご》の「ご（御《ご》）」、さらに「様《さま》」までつけて「ごちそうさま」という言《こと》葉《ば》が生《う》まれました。食後《しょくご》の挨拶《あいさつ》になったのは、江戸時代後半《えどじだいこうはん》のようです。

コラム

料理《りょうり》（御馳走《ごちそう》）に「様《さま》」をつけるのって、なんだか変《へん》な気《き》もしますが、「お疲《つか》れさま」「お互《たが》いさま」のように、普段《ふだん》よく使《つか》う言《こと》葉《ば》にもありますね。「様《さま》」は敬称《けいしょう》の他《ほか》に、ものごとを丁寧《ていねい》に表現《ひょうげん》したい時《とき》にも使《つか》われます。

17

ひらがなは、いつから使《つか》われているの？

はじまりは「当《あ》て字《じ》」だった！

日本《にほん》に最初《さいしょ》に入《はい》ってきた文字《もじ》は漢字《かんじ》で、中国《ちゅうごく》から伝《つた》わりました。初《はじ》めて見《み》た人《ひと》は、単《たん》なる模様《もよう》だと思《おも》ったかもしれません。文字《もじ》として認識《にんしき》されるようになったのは邪馬台国《やまたいこく》の時代《じだい》（紀元《きげん》3世紀頃《せいきごろ》）だとされています。その後《ご》、7世紀頃《せいきごろ》に「漢字《かんじ》を使《つか》って日本語《にほんご》の音《おと》を表《あらわ》す」ための『万葉仮名《まんようがな》』という当《あ》て字《じ》が誕生《たんじょう》しますが、やがて「いちいち漢字《かんじ》を書《か》くのは大変《たいへん》！」だったからでしょうか、9世紀頃《せいきごろ》には崩《くず》し文字《もじ》になり、そこから「ひらがな」が生《う》まれました。

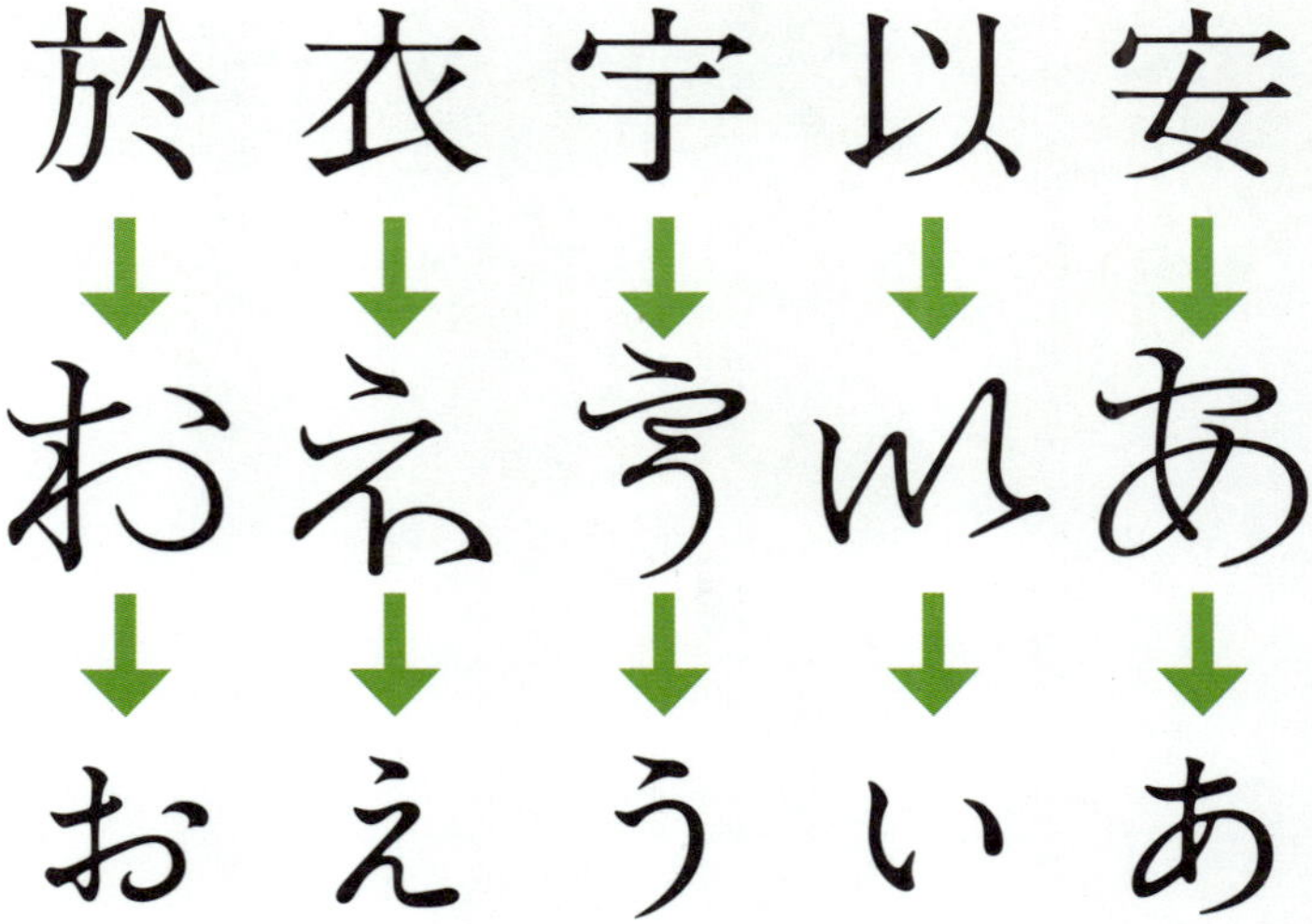

コラム

たとえば「あ」は漢字《かんじ》の「安《あん》」を、「い」は「以《い》」を崩《くず》して書《か》いたものです。平安時代《へいあんじだい》には、ひらがなは恋文《こいぶみ》のやり取《と》りなど、公《こう》的《てき》な記録《きろく》に残《のこ》す必要《ひつよう》のないプライベートな場合《ばあい》に使《つか》われることが多《おお》かったようです。

18

人《ひと》は魚《さかな》じゃないのに、どうして「目《め》からウロコが落《お》ちる」!?

もとは聖書《せいしょ》の中《なか》のエピソードです

今《いま》まで分《わ》からなかったことが急《きゅう》に理《り》解《かい》できた時《とき》、「目《め》からウロコ（が落《お》ちる）」と言《い》ったりしますよね。実《じつ》はこの言葉《ことば》は『新約聖書《しんやくせいしょ》』が由来《ゆらい》です。キリスト教徒《きょうと》を迫害《はくがい》していた男《おとこ》の目《め》が見《み》えなくなってしまったのを、イエスの弟子《でし》が祈《いの》ったことにより「たちまち目《め》からウロコのようなものが落《お》ちて、元《もと》通《どお》りに見《み》えるようになった」と描写《びょうしゃ》されています。この後《あと》、男《おとこ》は名前《なまえ》を「パウロ」と変《か》え、人生《じんせい》をキリスト教《きょう》に捧《ささ》げました。「パウロ」とは「小《ちい》さき者《もの》」という意味《いみ》です。

コラム

実際《じっさい》にウロコで目《め》がおおわれている生《い》き物《もの》の中《なか》に、ヘビがいます。ヘビ類《るい》の目《め》にはまぶたがないので、代《か》わりにウロコが目《め》を守《まも》っているのです。脱皮《だっぴ》する時《とき》には、このウロコが本当《ほんとう》に目《め》から落《お》ちたりするそうですよ。

19

「めし」は「ご飯《はん》」の飯《めし》じゃない!?

「めし」は尊敬語《そんけいご》から生《う》まれた

ご飯《はん》のことを「めし」と呼《よ》ぶのはお行儀《ぎょうぎ》が悪《わる》いイメージですが、実《じつ》は「食《た》べる」の尊敬語《そんけいご》「召《め》し上《あ》がる」という意味《いみ》の動詞《どうし》「召《め》す」が名詞形《めいしけい》になって生《う》まれた言葉《ことば》だと考《かんが》えられています。使《つか》われ始《はじ》めたのは室町時代《むろまちじだい》からで、室《むろ》町《まち》の後期《こうき》になると尊敬語《そんけいご》からできた「めし」に、さらに丁寧語《ていねいご》の「御《お》」をつけて「おめし」と呼《よ》ばれることもあったようです。一方《いっぽう》、「ごはん」は漢語《かんご》「飯《はん》」に「御《お》」を加《くわ》えた「御飯《おばん》」という言葉《ことば》が、江戸時代末期《えどじだいまっき》に「お」から「ご」になって「ごはん」となりました。

コラム

室町時代《むろまちじだい》より前《まえ》は、今《いま》の「ごはん」のような米《こめ》を蒸《む》したり炊《た》いたりしたものは「いい」と呼《よ》ばれました。今《いま》でもお米《こめ》を天日干《てんぴぼ》しにして乾燥《かんそう》させた保存食《ほぞんしょく》を「干《ほ》し飯《いい》」と呼《よ》んだりします。

20

「おてんば」って、オランダ語《ご》なの！？

オランダにも「おてんば」がいる？

若《わか》い女性《じょせい》が物怖《ものお》じせずに活発《かっぱつ》に行動《こうどう》する様《さま》や、その人物《じんぶつ》を指《さ》して「おてんば」と呼《よ》ぶことがあります。漢字《かんじ》で「御転婆《おてんば》」と書《か》きますが、これは音《おと》に合《あ》わせた当《あ》て字《じ》で、言葉《ことば》のルーツはオランダ語《ご》の「Ontembaar《オンテンバール》（馴《な》らすことのできない）」だという説《せつ》が有力《ゆうりょく》なものの一《ひと》つです。ただ語源《ごげん》は分《わ》からないことも多《おお》く、日本語《にほんご》の「てんば（従《じゅう》順《じゅん》でない女性《じょせい》）」に接頭語《せっとうご》の「お」がついたという説《せつ》や、昔《むかし》の輸送用《ゆそうよう》の元気《げんき》いっぱいの馬《うま》「御伝馬《おてんま》」が由来《ゆらい》の江戸《えど》言葉《ことば》という説《せつ》などもあるようです。

コラム

オランダ語《ご》からできたといわれる日本語《にほんご》はたくさんあり、「ポン酢《ず》」もその一《ひと》つとされています。柑橘類《かんきつるい》の果汁《かじゅう》をオランダ語《ご》で「pons《ポンス》」といい、その「ス」に「酢《す》」の字《じ》が当《あ》てられて「ポン酢《ず》」になりました。だから本来《ほんらい》のポン酢《ず》には酢《す》は入《はい》っていないのです（今《いま》のポン酢《ず》には入《はい》っています）。

21 電話《でんわ》をかける時《とき》に言《い》う「もしもし」って、どういう意味《いみ》？

「申《もう》し申《もう》し」が詰《つ》まって「もしもし」に？

電話《でんわ》が日本《にほん》で最初《さいしょ》につながったのは、東京《とうきょう》－横浜間《よこはまかん》で、１８９０年《ねん》のこと。当時《とうじ》は電話代《でんわだい》が相当高《そうとうたか》く（現在《げんざい》の物価《ぶっか》換算《かんさん》にしてひと月約《つきやく》15万円《まんえん》）、贅沢品《ぜいたくひん》でした。その頃《ころ》は電話回線《でんわかいせん》を手動《しゅどう》でつなぐための交換手《こうかんしゅ》がいて、話《はな》し始《はじ》めの合図《あいず》として「おいおい」あるいは「申《もう》す申《もう》す」と言《い》っていました。これはアメリカの電話交換手《でんわこうかんしゅ》が「ハローハロー」と呼《よ》びかけの言葉《ことば》を2回繰《かいく》り返《かえ》していたのをまねたからだとか。それがいつの間《ま》にか「申《もう》し申《もう》し」になって「もしもし」と変《か》わっていったようです。

コラム

日本最古《にほんさいこ》の電話帳《でんわちょう》（といっても紙《かみ》１枚《まい》）には、東京府庁《とうきょうふちょう》（１番《ばん》）、逓信省電務局《ていしんしょうでんむきょく》（２番《ばん》）、司法省《しほうしょう》（３番《ばん》）などが載《の》っていて、個人《こじん》の最初《さいしょ》は東京府知事《とうきょうふちじ》の蜂須賀茂韶《はちすかもちあき》（36番《ばん》）でした。

大人《おとな》も知《し》らない? 日本文化《にほんぶんか》のなぞ

22

「イチ、ニ、サン、シ……」は日本本来《にほんほんらい》の数《かぞ》え方《かた》じゃない?

中国《ちゅうごく》から伝《つた》わった漢語《かんご》がルーツ

「10数《かぞ》えてね」と言《い》われると、日本人《にほんじん》のほとんどは「イチ、ニ、サン——」と始《はじ》めますよね。ところがこの数《かぞ》え方《かた》は日本固有《にほんこゆう》の「和語《わご》」ではなく、中国《ちゅうごく》から伝来《でんらい》して日本語《にほんご》になった「漢語《かんご》」の読《よ》みです。和語《わご》では「ひとつ、ふたつ、みっつ——」で、こちらも馴染《なじ》みのある数《かぞ》え方《かた》ですが、「ここのつ(9)、とお(10)」の後《あと》、「11」はどう数《かぞ》えるのかと聞《き》かれると困《こま》ってしまう人《ひと》も多《おお》いのではないでしょうか。現代《げんだい》では「11」など10を超《こ》える数字《すうじ》を表《あらわ》す和語《わご》は、通常《つうじょう》は使《つか》われることがありません。

コラム

和語《わご》と漢語《かんご》の両方《りょうほう》を使《つか》って語呂合《ごろあ》わせをすると、歴史《れきし》の年号《ねんごう》などを覚《おぼ》えやすくなります。たとえば794年《ねん》の平安京遷都《へいあんきょうせんと》は「鳴《な》くよ（794《なくよ》）ウグイス平安京《へいあんきょう》」という具合《ぐあい》です。これは数《かぞ》え方《かた》が多《た》様《よう》な日本語《にほんご》ならではの特徴《とくちょう》です。

23

「ごめん」は、実《じつ》は謝《あやま》ってない!?

意味《いみ》がいろいろ増《ふ》えていった

謝《あやま》る時《とき》に使《つか》う「ごめん」――この言《こと》葉《ば》は鎌倉時代《かまくらじだい》からあるようです。「許《ゆる》す」という意味《いみ》の「免《めん》」に尊敬《そんけい》を表《あらわ》す「御《おん》」がついたもので、「御免《ごめん》」とは本《ほん》来《らい》、「許《ゆる》す人《ひと》を尊敬《そんけい》する」という意味《いみ》でした。しかし室町時代《むろまちじだい》になると、許《ゆる》しを求《もと》める時《とき》や、謝《あやま》る時《とき》に使《つか》われる言《こと》葉《ば》になっていきます。江戸時代《えどじだい》では、いやで断《ことわ》る時《とき》や、相手《あいて》の許可《きょか》を得《え》て退《たい》出《しゅつ》する時《とき》に「御免《ごめん》をこうむる」という使《つか》い方《かた》も生《う》まれます。現代《げんだい》の国語辞典《こくごじてん》では「仕事《しごと》をやめさせる」など、他《ほか》にも5つくらいの意味《いみ》が載《の》っています。

コラム

相撲《すもう》で力士《りきし》の地位《ちい》を表《あらわ》す番付表《ばんづけひょう》——その真《ま》ん中《なか》に大《おお》きく「蒙御免《ごめんこうむる》」と書《か》かれているのを知《し》っていますか？　これは江戸時代《えどじだい》、相撲《すもう》でお金《かね》を集《あつ》める許可《きょか》を寺社奉行《じしゃぶぎょう》からもらっていることを立《た》て札《ふだ》で示《しめ》した名残《なごり》で、現代《げんだい》でもそのまま使用《しよう》しているのです。

大人《おとな》も知《し》らない？　日本文化《にほんぶんか》のなぞ

24

6月《がつ》は梅雨《つゆ》の時期《じき》なのに、なぜ「水無月《みなづき》」？

「無《な》」は「の」の意味《いみ》？

「1月《がつ》、2月《がつ》、3月《がつ》——」を旧暦《きゅうれき》では「睦月《むつき》、如月《きさらぎ》、弥生《やよい》——」と和風月名《わふうげつめい》で呼《よ》びます。6月《がつ》は「水無月《みなづき》」。あれ、梅雨《つゆ》で雨《あめ》の多《おお》い時期《じき》なのに水《みず》がないなんて不思議《ふしぎ》ですよね。旧暦《きゅうれき》は、今《いま》のカレンダーとずれがあります（36ページ）。水無月《みなづき》は新暦《しんれき》では7月前後《がつぜんご》。とはいえ、7月《がつ》だって雨《あめ》がまったく降《ふ》らないわけではありません。実《じつ》は「水無月《みなづき》」の「無《な》」は当《あ》て字《じ》で、本来《ほんらい》は「の」の意味《いみ》だったようです。つまり「水《みず》の月《つき》」。田植《たう》えの時期《じき》なので「田《た》んぼに水《みず》を引《ひ》く月《つき》」という解釈《かいしゃく》もあります。

コラム

三角形《さんかくけい》の白《しろ》い「ういろう」に小豆《あずき》がのった「水無月《みなづき》」という和菓《わが》子《し》を、1年《ねん》の折《お》り返《かえ》しの6月《がつ》30日《にち》に食《た》べて邪気《じゃき》と暑気《しょき》を払《はら》う風《ふう》習《しゅう》が京都《きょうと》から始《はじ》まり、他《ほか》の地方《ちほう》にも広《ひろ》がりつつあります。三角《さんかく》の生地《きじ》は暑気払《しょきばら》いの氷室《ひむろ》の氷《こおり》を表《あらわ》し、小豆《あずき》には邪気払《じゃきばら》いの祈《いの》りが込《こ》められています。

25

「さようなら」の本当《ほんとう》の意味《いみ》って？

もともと別《わか》れの言葉《ことば》じゃなかった

「さようなら」には、なんとなくさびしい気《き》持《も》ちがつきまといます。「さようなら」はもともと「左様《さよう》ならば（そうであるならば）」という、つなぎの言葉《ことば》が独立《どくりつ》して別《わか》れ際《ぎわ》の挨拶《あいさつ》として使《つか》われるようになったもの。このような成《な》り立《た》ちの別《わか》れの言葉《ことば》は、世界的《せかいてき》にも珍《めずら》しいそうです。本当《ほんとう》は「左様《さよう》ならば」の後《あと》に「お別《わか》れです」のような挨拶《あいさつ》が続《つづ》くのですが、「左様《さよう》ならば」が別《わか》れのシーンで多《おお》く使《つか》われすぎたため、この言葉自体《ことばじたい》に「別《わか》れの挨拶《あいさつ》」というイメージができあがったそうです。

コラム

英語《えいご》の「グッドバイ（good-bye《グッドバイ》）」の語源《ごげん》は「God be with ye《ゴッドビーウィズイー》」で、「神《かみ》がありなたとともにありますように」という意味《いみ》が込《こ》められています。また、中国語《ちゅうごくご》の「再見《ツァイチェン》」のように「また会《あ》おうね」という気持《きも》ちに満《み》ちた別《わか》れの挨拶《あいさつ》もあります。

コラム

「だるまさんがころんだ」は数《かぞ》え歌《うた》の一種《いっしゅ》

子《こ》どもたちに大人気《だいにんき》の遊《あそ》び「だるまさんがころんだ」。一人《ひとり》が鬼《おに》になって、その鬼《おに》が後《うし》ろを向《む》いて「だるまさんがころんだ」と声《こえ》に出《だ》して言《い》う間《あいだ》に、他《ほか》の人《ひと》たちはじわりじわりと鬼《おに》に近《ちか》づきます。鬼《おに》が振《ふ》り返《かえ》った時《とき》に、まだ動《うご》いているのが見《み》つかると、鬼《おに》に捕《つか》まって手《て》をつなぎます。

この遊《あそ》び、「だるまは全然関係《ぜんぜんかんけい》ないのに、なぜだるま?」と思《おも》ったことはありませんか。実《じつ》は「だるまさんがころんだ」と読《よ》み上《あ》げると、ちょうど10文字《もじ》。10までを数《かぞ》える代《か》わりの言葉《ことば》として子《こ》どもたちが使《つか》ったのが始《はじ》まりのようです。関西地方《かんさいちほう》などでは「坊《ぼん》さんがへをこいた（お坊《ぼう》さんがおならをした）」と言《い》ったりしますが、これも10文字《もじ》です。

三章《さんしょう》

日本《にほん》の歴史《れきし》・昔話《むかしばなし》の“なぞ”

大人《おとな》も知《し》らない？　日本文化《にほんぶんか》のなぞ

26

忍者《にんじゃ》って、本当《ほんとう》にいたの？

今《いま》の「忍者《にんじゃ》」のイメージは、舞台《ぶたい》や小説《しょうせつ》、マンガで作《つく》られた⁉

いつの世《よ》でも戦《たたか》いがあるところでは諜報《ちょうほう》（スパイ）活動《かつどう》を行《おこな》う者《もの》が必要《ひつよう》とされます。日本《にほん》でも戦国《せんごく》の世《よ》では大《だい》活躍《かつやく》した彼《かれ》らでしたが、平和《へいわ》な時代《じだい》になると出番《でばん》がなくなりました。ですが、黒装束《くろしょうぞく》に身《み》を包《つつ》み、敵《てき》を見《み》つけたら手裏剣《しゅりけん》をパパパッと投《な》げて相手《あいて》を倒《たお》し、闇《やみ》に消《き》えていく――そんなカッコいいイメージが芝居《しばい》や本《ほん》で大人気《だいにんき》となり一《いち》大《だい》ブームを巻《ま》き起《お》こします。それまで「しのび」と呼《よ》ばれていた存在《そんざい》に「忍《にん》者《じゃ》」の名《な》がついたのは、昭和《しょうわ》30年代《ねんだい》のことです。

コラム

「くノ一《くのいち》」というのは「女《おんな》」という漢字《かんじ》を分解《ぶんかい》したもので、「女忍《おんなにん》者《じゃ》」の意味《いみ》で使《つか》われています。ただ、江戸時代《えどじだい》に書《か》かれた忍術書《にんじゅつしょ》『萬川集海《まんせんしゅうかい》』では「くノ一《くのいち》」ではなく「久ノ一《くのいち》」と書《か》かれていたようです。「くノ一《くのいち》」が「女忍者《おんなにんじゃ》」として広《ひろ》まったのは、昭和《しょうわ》の作家《さっか》・山田風太郎《やまだふうたろう》の作品《さくひん》からだといわれています。

大人《おとな》も知《し》らない？　日本文化《にほんぶんか》のなぞ

27

日本《にほん》には「800万《まん》」も神様《かみさま》がいるの!?

八百万《やおよろず》の神様《かみさま》とはいうけれど……

平成《へいせい》に『トイレの神様《かみさま》』という歌《うた》が大《だい》ヒットしました。トイレに神様《かみさま》がいるのなら、いろいろな場所《ばしょ》にいても当《あ》たり前《まえ》、合計《ごうけい》すれば８００万《まん》になる？　いえいえ、「八百万《やおよろず》」は「８００万《まん》」ではなく「とても数《かず》が多《おお》い」という意《い》味《み》。日本人《にほんじん》は昔《むかし》から自然物《しぜんぶつ》や自然現《しぜんげん》象《しょう》の中《なか》に神様《かみさま》を感《かん》じてきました。これを「自然崇拝《しぜんすうはい》」と呼《よ》びます。そして「神道《しんとう》」では自然《しぜん》だけではなく、様々《さまざま》な器物《きぶつ》にも神様《かみさま》が宿《やど》ると考《かんが》えます。だから日本《にほん》には、たくさんの神様《かみさま》がいるというわけなのです。

コラム

日本《にほん》の神様《かみさま》を数《かぞ》える時《とき》の単位《たんい》は「柱《はしら》」で、「一柱《ひとはしら》」「二柱《ふたはしら》」――といいます。なぜこのような単位《たんい》になったのかは、はっきりとは分《わ》かっていません。ただ一説《いっせつ》によると、古代日本《こだいにほん》では神様《かみさま》に来《き》ていただくために柱《はしら》を立《た》てたからではないか、ということです。

28

お坊《ぼう》さんは、なぜ頭《あたま》をつるつるにするの？

オシャレは修行《しゅぎょう》の邪魔《じゃま》だから⁉

お坊《ぼう》さんになる時《とき》には、髪《かみ》をそって坊主頭《ぼうずあたま》にするという決《き》まりがあります（一部《いちぶ》の宗派《しゅうは》では髪《かみ》を伸《の》ばすのも大丈《だいじょう》夫《ぶ》）。悟《さと》りを開《ひら》くための修行生活《しゅぎょうせいかつ》はとても厳《きび》しいので、修行《しゅぎょう》の邪魔《じゃま》になるものは何《なに》もかも一度《いちど》捨《す》てなければならないのです。もし髪《かみ》の毛《け》があったら、スタイルが気《き》になって修行《しゅぎょう》に集中《しゅうちゅう》できなくなりますよね。そういう邪魔《じゃま》な考《かんが》えを「煩悩《ぼんのう》」といいます。頭《あたま》をつるつるにするのは「煩悩《ぼんのう》」を振《ふ》り払《はら》うため。でも時間《じかん》がたてばまた煩悩《ぼんのう》（髪《かみ》）が出《で》てくるので、何度《なんど》も何度《なんど》もそるのです。

コラム

今《いま》から 2500 年《ねん》以上前《いじょうまえ》のインドで、お釈迦様《しゃかさま》が悟《さと》りを開《ひら》こうと修《しゅ》行《ぎょう》を始《はじ》めた時《とき》の姿《すがた》が坊主《ぼうず》頭《あたま》だったので、お釈迦様《しゃかさま》に近《ちか》づくためにつるつる頭《あたま》にする——というのも、理由《りゆう》の一《ひと》つといわれています。

29

『源氏物語《げんじものがたり》』を書《か》いた紫式部《むらさきしきぶ》は、地獄《じごく》に堕《お》ちた!?

物語《ものがたり》を書《か》く人《ひと》はウソつきだから？

1200年以上《ねんいじょう》も前《まえ》に書《か》かれた長編《ちょうへん》物語《ものがたり》『源氏物語《げんじものがたり》』をめぐっては、いろいろな伝説《でんせつ》が語《かた》り継《つ》がれています。その一《ひと》つが、作者《さくしゃ》である紫式部《むらさきしきぶ》が死後《しご》に地獄《じごく》に堕《お》ちたという話《はなし》。これは、架《か》空《くう》の物語《ものがたり》を作《つく》ることは「ウソをつくこと」と同《おな》じで、仏教《ぶっきょう》で「してはいけない」と戒《いまし》めていた5つの罪《つみ》の一《ひと》つにあたるからという理由《りゆう》です。室町時代《むろまちじだい》に作《つく》られた、紫式部《むらさきしきぶ》の亡霊《ぼうれい》が現《あらわ》れて「地獄《じごく》に堕《お》ちた」と告《つ》げるのを救《すく》おうとする能《のう》の作品《さくひん》『源氏供養《げんじくよう》』は、今《いま》にいたるまで人気《にんき》です。

コラム

仏教《ぶっきょう》の5つ《いつ》の罪《つみ》とは「生《い》き物《もの》を殺《ころ》すこと」「盗《ぬす》みを働《はたら》くこと」「不《ふ》倫《りん》をすること」「ウソをつくこと」「お酒《さけ》を飲《の》むこと」で、これらをしないことが仏教《ぶっきょう》徒《と》の守《まも》るべき決《き》まりとされています。これを「五戒《ごかい》」といいます。

30

お祭《まつ》りにお神輿《みこし》をかついで歩《ある》く理由《りゆう》は？

地元《じもと》の神様《かみさま》がご近所《きんじょ》をキレイに

お神輿《みこし》が日本《にほん》で最初《さいしょ》に用《もち》いられたのは奈良時代《ならじだい》、東大寺《とうだいじ》で大仏《だいぶつ》を作《つく》る際《さい》に大分県《おおいたけん》から八幡神《はちまんしん》をお招《まね》きするためだったそうです。お神輿《みこし》は神様《かみさま》の〝乗《の》り物《もの》〟なのです。お祭《まつ》りでお神輿《みこし》が町《まち》を練《ね》り歩《ある》くのは、災《わざわ》いやけがれをその地域《ちいき》の神様《かみさま》（氏神様《うじがみさま》）が引《ひ》き取《と》って清《きよ》めてくださると信《しん》じられてきたから。地方《ちほう》によってはお神輿《みこし》をぶつけ合《あ》うお祭《まつ》りもあり、「けんか祭《まつ》り」と呼《よ》ばれたりします。ぶつけ合《あ》う激《はげ》しさによって神様《かみさま》のパワーを高《たか》めて、豊作《ほうさく》や大漁《たいりょう》を願《ねが》うのです。

コラム

お神輿《みこし》のデザインにとてもよく似《に》たものが、アジア大陸《たいりく》の西《にし》、古《こ》代《だい》イスラエルにありました。「契約《けいやく》の箱《はこ》」と呼《よ》ばれる神様《かみさま》の象徴《しょうちょう》で、２本《ほん》の木《き》の棒《ぼう》で担《かつ》がれ、民《たみ》とともに移動《いどう》するその「箱《はこ》」は金色《きんいろ》に輝《かがや》き、ふたの上《うえ》には鳳凰《ほうおう》に似《に》た金《きん》の天使《てんし》が置《お》かれていたそうです。

31

江戸時代《えどじだい》にも名刺《めいし》があった？

「参上《さんじょう》！」のしるしだった

日本《にほん》で名刺《めいし》が使《つか》われるようになったのは江戸時代《えどじだい》の中期《ちゅうき》。訪問先《ほうもんさき》が留守《るす》だった時《とき》に、自分《じぶん》が来《き》たことを知《し》らせるために名前《なまえ》を書《か》いた和紙《わし》を戸口《とぐち》に差《さ》し込《こ》んで残《のこ》しました。ただ、当時《とうじ》そのようなことをするのはまだ一部《いちぶ》の人《ひと》だけだったようです。その後《ご》、幕末《ばくまつ》に多《おお》くの外国人《がいこくじん》が日本《にほん》にやって来《く》るようになると、自分《じぶん》が何者《なにもの》であるかを示《しめ》すために名前《なまえ》と家紋《かもん》を印刷《いんさつ》した名刺《めいし》を使《つか》うようになり、急速《きゅうそく》に名刺文化《めいしぶんか》が広《ひろ》まりました。今《いま》では日本《にほん》が、世界《せかい》で最《もっと》も多《おお》く名刺《めいし》を消費《しょうひ》する国《くに》といわれています。

コラム

名前《なまえ》を書《か》いた紙《かみ》なら「名紙《めいし》」なのに、なぜ「名刺《めいし》」と書《か》くのか、不思議《ふしぎ》に思《おも》ったことはありませんか？　名刺《めいし》の起源《きげん》には諸説《しょせつ》ありますが、紀元前《きげんぜん》2世紀《せいき》の中国《ちゅうごく》で竹《たけ》や木《き》の札《ふだ》を戸口《とぐち》に刺《さ》してメッセージを残《のこ》したのが始《はじ》まりのようです。

32

日本初《にほんはつ》の獣医《じゅうい》は?

オオクニヌシという神様《かみさま》

最《もっと》も古《ふる》い記録《きろく》は『古事記《こじき》』にあります。オオクニヌシという神様《かみさま》が、因幡《いなば》の国《くに》(現在《げんざい》の鳥取県東半部《とっとりけんとうはんぶ》)で「痛《いた》い痛《いた》い」と泣《な》いている裸《はだか》のうさぎに出会《であ》います。「数《かず》を数《かぞ》えるから」とワニ(サメ)をだましてその背中《せなか》を踏《ふ》み海《うみ》を渡《わた》ったところ、ウソがばれて毛《け》をはぎ取《と》られたというのです。いじわるな神様《かみさま》にもだまされ海水《かいすい》に浸《つ》かったため、肌《はだ》もひび割《わ》れていました。そこでオオクニヌシは、真水《まみず》で体《からだ》を洗《あら》いガマの穂《ほ》の上《うえ》を転《ころ》がるように教《おし》えました。おかげでうさぎは、元通《もとどお》りになったそうです。

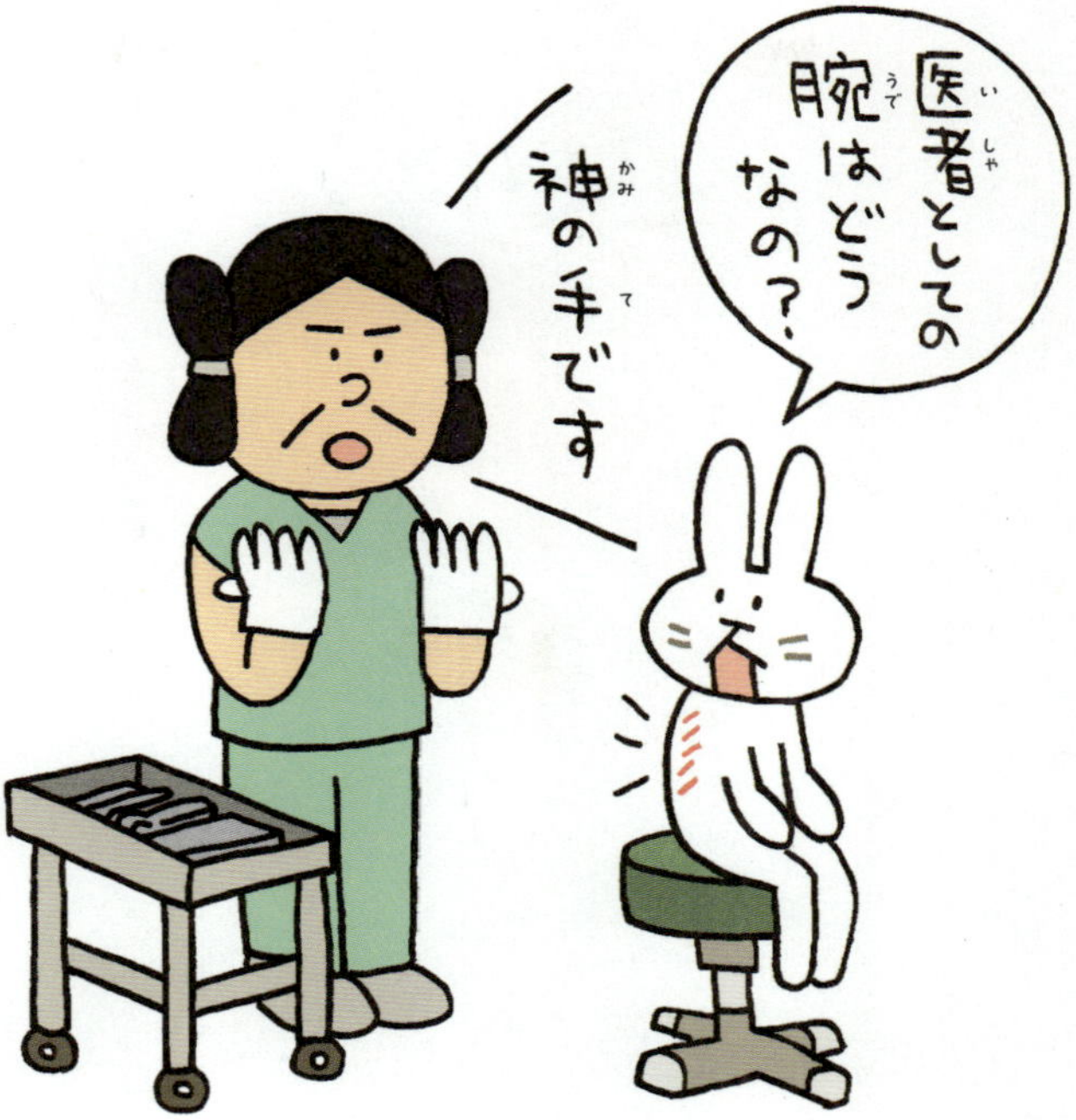

コラム

オオクニヌシがうさぎに教《おし》えた治療法《ちりょうほう》は日本《にほん》で最《もっと》も古《ふる》い外傷医《がいしょうい》療《りょう》の記録《きろく》なので、オオクニヌシは「医薬《いやく》の神《かみ》」ともいわれています。また、オオクニヌシが助《たす》けたうさぎを祀《まつ》る白兎神社《はくとじんじゃ》（鳥取県《とっとりけん》）は「医療発祥《いりょうはっしょう》の地《ち》」となっています。

大人《おとな》も知《し》らない？　日本文化《にほんぶんか》のなぞ

33

大仏《だいぶつ》の頭《あたま》ってパンチパーマ？

一《ひと》つひとつが、ぐるぐるの巻《ま》き毛《げ》です

一見《いっけん》、パンチパーマのように見《み》える髪形《かみがた》は、一《ひと》つひとつが縮《ちぢ》れて巻《ま》き毛《げ》になり丸《まる》まった髪《かみ》の毛《け》で「螺髪《らほつ》」と呼《よ》ばれます。これはお釈迦様《しゃかさま》が「人間《にんげん》を超《こ》えた存在《そんざい》」であることを示《しめ》す特徴《とくちょう》の一《ひと》つです。「螺《ら》」は「ぐるぐるうずまき状《じょう》になった巻貝《まきがい》」という意味《いみ》を持《も》つ漢《かん》字《じ》です。仏像《ぶつぞう》の多《おお》くの螺髪《らほつ》は右巻《みぎま》きですが、これは自然界《しぜんかい》の巻貝《まきがい》のほとんどが右巻《みぎま》きであることに由来《ゆらい》しているという説《せつ》があります。ただ、左巻《ひだりま》きの螺《ら》髪《ほっ》を持《も》つ鎌倉大仏《かまくらだいぶつ》や名古屋大仏《なごやだいぶつ》のような例《れい》もあります。

コラム

大仏《だいぶつ》の額《ひたい》の中央《ちゅうおう》にある丸《まる》い「点《てん》」はホクロではなく、実《じつ》は１本《ぽん》の白《しろ》く長《なが》い毛《け》が巻《ま》かれてできたものです。「白毫《びゃくごう》」と呼《よ》ばれ「光《ひかり》を放《はな》ち世界《せかい》を照《て》らす」とされています。なお、こちらも右巻《みぎま》きです。

大人《おとな》も知《し》らない？　日本文化《にほんぶんか》のなぞ

34
桃太郎《ももたろう》は、桃《もも》から生《う》まれていないって本当《ほんとう》!?

桃《もも》を食《た》べて若返《わかがえ》ったおばあさんが、「お母《かあ》さん」？

「ももたろうさん、ももたろうさん、お腰《こし》につけたきびだんご――」という歌《うた》い出《だ》しの童謡《どうよう》や昔話《むかしばなし》で有名《ゆうめい》な桃太郎《ももたろう》。絵本《えほん》などでは、川《かわ》を〝どんぶらこ〟と流《なが》れてきた「桃《もも》」から生《う》まれたと描《えが》かれていますが、このお話《はなし》が庶民《しょみん》の間《あいだ》に広《ひろ》まった江戸時代初期《えどじだいしょき》には桃太郎《ももたろう》は「桃《もも》を食《た》べて若返《わかがえ》ったおじいさん・おばあさんから生《う》まれた」とされていました。桃《もも》は「魔《ま》を払《はら》う果物《くだもの》」と考《かんが》えられていて、『古事記《こじき》』でも死《し》んだ妻《つま》に追《お》いかけられたイザナギ神《しん》が、桃《もも》を投《な》げて逃《に》げきるという記述《きじゅつ》があります。

コラム

桃太郎《ももたろう》のお供《とも》が「犬《いぬ》」「猿《さる》」「きじ」なのには二《ふた》つの代表的《だいひょうてき》な説《せつ》があります。一《ひと》つは、犬《いぬ》は恩《おん》を忘《わす》れない「仁徳《じんとく》」、猿《さる》は「知恵《ちえ》」、きじは火事《かじ》になっても卵《たまご》を守《まも》ることから「勇気《ゆうき》」を表《あらわ》す動物《どうぶつ》として選《えら》ばれたのだ——という説《せつ》。もう一《ひと》つは、鬼《おに》を抑《おさ》える方角《ほうがく》（裏鬼門《うらきもん》）にあたる十二支《じゅうにし》「申《さる》」「酉《とり》」「戌《いぬ》」を踏《ふ》まえたという説《せつ》です。

35

ミイラは、薬《くすり》だった!?

骨折《こっせつ》、貧血《ひんけつ》、頭痛《ずつう》、虫歯《むしば》にも ミイラが効《き》く？

江戸時代《えどじだい》、ミイラは万能薬《ばんのうやく》として輸《ゆ》入《にゅう》され、大名《だいみょう》たちに大人気《だいにんき》だったといいます。1709年《ねん》に書《か》かれた本《ほん》の中《なか》に「木乃伊《みいら》」の項目《こうもく》があり、骨折《こっせつ》からしゃっくり、虫歯《むしば》などなど様々《さまざま》な病《やまい》に対《たい》して、ミイラの薬《くすり》としての使《つか》い方《かた》と効用《こうよう》が記《しる》されています。エジプトのミイラに防腐剤《ぼうふざい》として天然《てんねん》の抗生物質《こうせいぶっしつ》が塗《ぬ》られていたので、それが効《き》き目《め》をもたらしていたのでしょうか。ところで江戸時代《えどじだい》の人《ひと》は、ミイラが人間《にんげん》の死体《したい》だと知《し》っていたと思《おも》いますか？　どうやら知《し》っていて飲《の》んでいたようです。

コラム

江戸時代《えどじだい》はミイラを輸入《ゆにゅう》するだけでなく、輸出《ゆしゅつ》もしていました。ただし、それは人間《にんげん》のミイラではなく、人魚《にんぎょ》や河童《かっぱ》などの妖怪《ようかい》のミイラでした。もちろん偽物《にせもの》のミイラで、妖怪《ようかい》のミイラを作《つく》る職《しょく》人集団《にんしゅうだん》がいたそうです。

大人《おとな》も知《し》らない？　日本文化《にほんぶんか》のなぞ

36

二宮金次郎《にのみやきんじろう》の像《ぞう》が、歩《ある》きながら読《よ》んでいる本《ほん》は？

中国《ちゅうごく》・戦国時代《せんごくじだい》の思想書《しそうしょ》『大学《だいがく》』

釈迦《しゃか》、キリスト、ソクラテスと並《なら》んで四聖人《しせいじん》に数《かぞ》えられる中国《ちゅうごく》・春秋戦《しゅんじゅうせん》国時代《ごくじだい》の思想家《しそうか》、孔子《こうし》。孔子《こうし》の教《おし》えはやがて儒教《じゅきょう》としてまとめられましたが、その代表的《だいひょうてき》な本《ほん》の一《ひと》つが二宮金次郎《にのみやきんじろう》の像《ぞう》が手《て》にしている『大学《だいがく》』です。江《え》戸時代後期《どじだいこうき》の日本《にほん》で、勉強意欲《べんきょういよく》の高《たか》い庶民《しょみん》たちはこぞってこの本《ほん》を読《よ》みました。二宮金次郎《にのみやきんじろう》は裕福《ゆうふく》な農家《のうか》の息子《むすこ》として生《う》まれましたが、幼《おさな》い頃《ころ》に水害《すいがい》で田畑《たはた》も家《いえ》も流《なが》されてしまい、その後《あと》は貧《まず》しい暮《く》らしの中《なか》で朝《あさ》から晩《ばん》まで働《はたら》いて家族《かぞく》の暮《く》らしを支《ささ》えました。

コラム

二宮金次郎像《にのみやきんじろうぞう》については、「歩《ある》きながらの読書《どくしょ》」が「歩《ある》きスマホを連想《れんそう》させ危険《きけん》」という保護者《ほごしゃ》などの声《こえ》があるようです。そのため「座《すわ》って読書《どくしょ》をする」二宮金次郎像《にのみやきんじろうぞう》が登場《とうじょう》しています。

大人《おとな》も知《し》らない？ 日本文化《にほんぶんか》のなぞ

37

昔《むかし》の日本人《にほんじん》の名前《なまえ》は、長《なが》かった!?

フルネームは、まるで呪文《じゅもん》！の織田信長《おだのぶなが》

明治維新《めいじいしん》の前《まえ》まで、日本人《にほんじん》は今《いま》のような「名字《みょうじ》プラス名前《なまえ》」以外《いがい》の〝名《な》前《まえ》〟を持《も》っている人《ひと》がたくさんいました。諱《いみな》（身分《みぶん》の高《たか》い人《ひと》の実名《じつめい》）の他《ほか》に、呼《よ》び名《な》としての字《あざな》、家《いえ》の名称《めいしょう》である名《みょう》字《じ》、一族《いちぞく》の名称《めいしょう》である氏《うじ》、天皇《てんのう》から賜《たまわ》った位《くらい》の名称《めいしょう》である姓《かばね》と、多《おお》い場《ば》合《あい》は5《いつ》つを持《も》つ人《ひと》も！ たとえば、戦《せん》国《ごく》時代《じだい》の武将《ぶしょう》として有名《ゆうめい》な織田信長《おだのぶなが》のフルネームは平朝臣《たいらのあそん》織田《おだ》上総介《かずさのすけ》三郎《さぶろう》信長《のぶなが》です。「平朝臣《たいらのあそん》」が氏素性《うじすじょう》、「織《お》田《だ》」が名字《みょうじ》、通称《つうしょう》は「三郎《さぶろう》」、諱《いみな》は「信長《のぶなが》」です。

コラム

戦国大名《せんごくだいみょう》が名前《なまえ》をどんどん変《か》えるのは珍《めずら》しいことではありませんでした。江戸幕府《えどばくふ》を開《ひら》いた徳川家康《とくがわいえやす》も、松平竹千代《まつだいらたけちよ》→松平元信《まつだいらもとのぶ》→松平元康《まつだいらもとやす》→松平家康《まつだいらいえやす》→徳川家康《とくがわいえやす》と四度《よんど》も名前《なまえ》を変《か》えています。ちなみにフルネームは徳川次郎三郎《とくがわじろうさぶろう》 源《みなもとの》 朝臣家康《あそんいえやす》です。

38 「屋根《やね》より高《たか》いこいのぼり〜」は、なぜ「こい」なの？

こいは滝《たき》を登《のぼ》り、龍《りゅう》になる⁉

「端午《たんご》の節句《せっく》」と呼《よ》ばれる5月《がつ》5日《いつか》に、子《こ》どもの健《すこ》やかな成長《せいちょう》を祈《いの》って飾《かざ》られるこいのぼり。この風習《ふうしゅう》は江戸時代《えどじだい》の中期《ちゅうき》に始《はじ》まりました。武家《ぶけ》では男《おとこ》の子《こ》が生《う》まれると幟《のぼり》を立《た》てて祝《いわ》う習慣《しゅうかん》があったのですが、それが庶民《しょみん》にも広《ひろ》まり、やがて武家《ぶけ》の幟《のぼり》に対抗《たいこう》する形《かたち》で中国《ちゅうごく》に伝《つた》わる「こいの滝登《たきのぼ》り」――滝《たき》を登《のぼ》ったこいが龍《りゅう》になって天《てん》を舞《ま》ったという伝承《でんしょう》からヒントを得《え》て「こいのぼり」が考案《こうあん》されたのです。新《あら》たに生《う》まれた男《おとこ》の子《こ》にたくましく育《そだ》ってほしいという願《ねが》いが込《こ》められた行事《ぎょうじ》です。

コラム

こいのぼりで、いちばん上《うえ》でひらひらとたなびく五色《ごしき》の「吹《ふ》き流《なが》し」には魔除《まよ》けや厄除《やくよ》けの役割《やくわり》があるそうです。青《あお》（緑《みどり》）、赤《あか》、黄《き》、白《しろ》、黒《くろ》（紫《むらさき》）という5《いつ》つの色《いろ》は、古代《こだい》から様々《さまざま》な意味合《いみあ》いを与《あた》えられ、大切《たいせつ》にされてきました。

39

お侍《さむらい》さんの頭《あたま》は、なぜ「ちょんまげ」？

だって、頭《あたま》がかゆくなるから……

江戸時代《えどじだい》には多《おお》くの男性《だんせい》がこの髪形《かみがた》でした。額《ひたい》から頭頂部《とうちょうぶ》にかけて髪《かみ》をそって、残《のこ》りは長《なが》く伸《の》ばして結《ゆ》い上《あ》げます。お侍《さむらい》さんがちょんまげにしていたのは、もともとは兜《かぶと》をかぶった時《とき》の通気性《つうきせい》をよくするためだったといわれています。髪《かみ》の毛《け》が蒸《む》れて、かゆくなるのを防《ふせ》ぎたかったのでしょう。やがて戦国時代《せんごくじだい》が終《お》わり、太平《たいへい》の世《よ》の江戸《えど》時代《じだい》になると兜《かぶと》をかぶることもなくなりましたが、ちょんまげは女性《じょせい》に人気《にんき》があったために定着《ていちゃく》した――という説《せつ》があります。

コラム

「ちょんまげ」は、まげが「ゝ《ちょん》」の字《じ》の形《かたち》に似《に》ているのが語源《ごげん》だといわれています。「ゝ《ちょん》」は、ひらがなを繰《く》り返《かえ》す記号《きごう》です。

大人《おとな》も知《し》らない？　日本文化《にほんぶんか》のなぞ

40 「赤組《あかぐみ》」と「白組《しろぐみ》」に分《わ》かれて戦《たたか》うのはなぜ？

敵《てき》と味方《みかた》を見分《みわ》けるため

学校《がっこう》の運動会《うんどうかい》では「赤組《あかぐみ》」「白組《しろぐみ》」に分《わ》かれます。また大みそかに放送《ほうそう》される「紅白歌合戦《こうはくうたがっせん》」でも、「紅組《あかぐみ》」「白《しろ》組《ぐみ》」に分《わ》かれて競《きそ》います。なぜ他《ほか》の色《いろ》ではなく、「赤《あか》（紅《あか》）」と「白《しろ》」なのでしょう？　理由《りゆう》は1180年《ねん》の源平《げんぺい》の争乱《そうらん》までさかのぼります。当時《とうじ》、武士《ぶし》の二大勢力《にだいせいりょく》「平氏《へいし》」と「源氏《げんじ》」が争《あらそ》いを繰《く》り広《ひろ》げました。戦場《せんじょう》では誰《だれ》もが鎧《よろい》兜《かぶと》を身《み》につけているので、間違《まちが》って味《み》方《かた》を倒《たお》してしまったら大変《たいへん》！　そこで平氏《へいし》は赤《あか》い旗《はた》を、源氏《げんじ》は白《しろ》い旗《はた》を掲《かか》げて敵味方《てきみかた》を見分《みわ》けていたのです。

コラム

赤組《あかぐみ》と白組《しろぐみ》なのに「赤白《あかしろ》」ではなく「紅白《こうはく》」と書《か》く（呼《よ》ぶ）のは、「赤《あか》」という漢字《かんじ》に「赤《あか》っ恥《ぱじ》」「真《ま》っ赤《か》なウソ」といったネガティブなイメージがあるからという説《せつ》や、中国《ちゅうごく》では「赤《あか》＝紅《あか》」と表《あらわ》すからという説《せつ》があります。

コラム

蝶々《ちょうちょう》の数《かぞ》え方《かた》、知《し》ってる？

犬《いぬ》や猫《ねこ》なら「1匹《ぴき》、2匹《ひき》」、キリンや象《ぞう》は「1頭《とう》、2頭《とう》」と数《かぞ》えますよね。これは、基本的《きほんてき》には人間《にんげん》より小《ちい》さい動物《どうぶつ》は「匹《ひき》」、大《おお》きい動《どう》物《ぶつ》は「頭《とう》」で数《かぞ》えるというルールがあるからです。魚《さかな》も「匹《ひき》」ですが、店《みせ》で売《う》られているアジの開《ひら》きは「枚《まい》」、イカやカニは「杯《はい》」など、海《うみ》で泳《およ》いでいる時《とき》と、食《た》べ物《もの》になった時《とき》で数《かぞ》え方《かた》が変《か》わることもあります。

鳥《とり》は、「1羽《わ》、2羽《わ》」ですね。では、同《おな》じように“飛《と》ぶ”蝶々《ちょうちょう》はどう数《かぞ》えるでしょうか。

基本《きほん》ルールでは、昆虫《こんちゅう》は羽《はね》があって飛《と》ぶものでも「羽《わ》」で数《かぞ》えることはできません。じゃあ人間《にんげん》より小《ちい》さいから「匹《ひき》」？　それも間違《まちが》いではありませんが、学術用語《がくじゅつようご》としては「頭《とう》」で数《かぞ》えるのが習慣化《しゅうかんか》しています。理由《りゆう》は諸説《しょせつ》ありますが、その一《ひと》つは明治時代《めいじじだい》の英《えい》語《ご》の博物書《はくぶつしょ》に蝶々《ちょうちょう》の数《かぞ》え方《かた》が「head《ヘッド》」となっていたのを「頭《とう》」と訳《やく》したためだそうです。

四章《よんしょう》

日本《にほん》の迷信《めいしん》の“なぞ”

大人《おとな》も知《し》らない？　日本文化《にほんぶんか》のなぞ

41

霊柩車《れいきゅうしゃ》を見《み》たら、「親指《おやゆび》を隠《かく》せ！」と言《い》われるのはなぜ？

理由《りゆう》はいろいろ、とにかく隠《かく》しちゃえ！

「霊柩車《れいきゅうしゃ》を見《み》たら親指《おやゆび》を隠《かく》せ」と教《おそ》わったことはありませんか。霊柩車《れいきゅうしゃ》が亡《な》くなった人《ひと》を乗《の》せていることから「縁起《えんぎ》が悪《わる》い」というのもありますが、「死《し》」を連想《れんそう》させるため「親《おや》が死《し》ぬ時《とき》に近《ちか》くにいてあげられない」のを防《ふせ》ごうと親指《おやゆび》を隠《かく》すという迷信《めいしん》が生《う》まれたともいいます。このしぐさの歴史《れきし》は意《い》外《がい》と古《ふる》く、江戸時代《えどじだい》の本《ほん》『松屋筆記《まつのやひっき》』には「親指《おやゆび》の爪《つめ》の間《あいだ》からたましいが出《で》入《い》りするので、恐《おそ》れることがあれば親《おや》指《ゆび》を握《にぎ》り隠《かく》す」というようなことが書《か》かれています。

コラム

逆《ぎゃく》に、霊柩車《れいきゅうしゃ》を見《み》ると「縁起《えんぎ》がいい」という考《かんが》え方《かた》もあるようです。理由《りゆう》は「悪《わる》いことの後《あと》には、良《よ》いことがある」という、幸《こう》運《うん》と不運《ふうん》は表裏一体《ひょうりいったい》という考《かんが》え方《かた》。おみくじで大凶《だいきょう》を引《ひ》いた時《とき》に「これ以上《いじょう》悪《わる》くならない。あとは運《うん》が上《あ》がるだけ」と考《かんが》えるのに似《に》ていますね。

42

夜《よる》に爪《つめ》を切《き》ると、親《おや》の死《し》に目《め》に会《あ》えない？

爪《つめ》は明《あか》るいところで切《き》るのが、いいね！

この迷信《めいしん》のもとになったと思《おも》われる話《はなし》が、奈良時代《ならじだい》に作《つく》られた歴史書《れきししょ》『日《に》本書紀《ほんしょき》』の中《なか》にあります。天界《てんかい》の神《かみ》様《さま》・スサノオはあまりにも乱暴《らんぼう》だったので、地上《ちじょう》に追放《ついほう》されてしまいます。その時《とき》、手足《てあし》の爪《つめ》を抜《ぬ》かれてしまったのです。「追放《ついほう》された者《もの》は家《いえ》に帰《かえ》れない」ので、親《おや》が亡《な》くなりそうでも会《あ》えないから、この迷信《めいしん》が生《う》まれたという説《せつ》が一《ひと》つ。あと「夜爪《よづめ》」は「自分《じぶん》の寿《じゅ》命《みょう》を縮《ちぢ》める」という意味《いみ》の「世詰《よづめ》」に通《つう》じ、親《おや》より先《さき》に死《し》んでしまうからだという説《せつ》などがあります。

コラム

江戸時代《えどじだい》の庶民《しょみん》は小刀《こがたな》などで爪《つめ》を切《き》っていたようです。もし夜《よる》の暗《くら》い明《あ》かりの中《なか》で爪《つめ》を切《き》ると思《おも》わぬ怪我《けが》をして、親《おや》より先《さき》に死《し》んでしまうから親《おや》の死《し》に目《め》に会《あ》えない——というのが始《はじ》まりとの説《せつ》もあります。

43

寝言《ねごと》に返事《へんじ》をしては いけない？

ダメではないけど、無視《むし》が正解《せいかい》

昔《むかし》は、眠《ねむ》っている間《あいだ》は魂《たましい》が体《からだ》から抜《ぬ》け出《で》ていると信《しん》じられていました（その魂《たましい》を入《い》れる物《もの》が「真座《まくら》」あるいは「魂蔵《たまくら》」で、「枕《まくら》」の語源《ごげん》だといわれています）。なので魂《たましい》が離《はな》れている時《とき》に会話《かいわ》をしてしまうと、魂《たましい》が体《からだ》に戻《もど》れないとされていたのです。現代《げんだい》では、寝言《ねごと》の要因《よういん》はストレスやうつ、睡眠不足《すいみんぶそく》などで、眠《ねむ》りの浅《あさ》いレム睡眠中《すいみんちゅう》に発《はっ》せられることが多《おお》いと分《わ》かっています。もし寝言《ねごと》に返事《へんじ》をして目覚《めざ》めさせてしまうと、相手《あいて》が体調不良《たいちょうふりょう》になるかも。

コラム

日本人《にほんじん》は昔《むかし》から枕《まくら》を大切《たいせつ》にしてきました。枕《まくら》を踏《ふ》んだり投《な》げたりするのは絶対《ぜったい》にダメで、「枕《まくら》を踏《ふ》むと頭痛持《ずつうも》ちになる」といわれています。粗末《そまつ》にすると、魂《たましい》が寝《ね》ている時《とき》に揺《ゆ》さぶられると考《かんが》えられていたからです。

44 噂《うわさ》されるとくしゃみが出《で》るって、本当《ほんとう》？

噂《うわさ》どころか、魂《たましい》が抜《ぬ》けるという説《せつ》も

くしゃみをすると「誰《だれ》かに噂《うわさ》されてる」と言《い》ったりしますよね。奈良《なら》時代《じだい》の歌集《かしゅう》『万葉集《まんようしゅう》』にも「くしゃみが出《で》たということは、妻《つま》が自分《じぶん》のことを思《おも》ってくれているのだろう」という意《い》味《み》の歌《うた》があります。くしゃみの回数《かいすう》によって「一《いち》そしり、二《に》笑《わら》い、三《さん》惚《ほ》れ、四《し》風邪《かぜ》」（1回《かい》は悪口《わるくち》、2回《かい》は笑《わら》われ、3回《かい》は誰《だれ》かに好《す》かれていて、4回《かい》なら風邪《かぜ》ひき）ということわざもあります。

また日本《にほん》も含《ふく》め世界各国《せかいかっこく》で、くしゃみをすると魂《たましい》が抜《ぬ》けると信《しん》じられていた時代《じだい》もありました。

コラム

くしゃみの語源《ごげん》は「くさめ」という呪文《じゅもん》。昔《むかし》の日本《にほん》では「くしゃみをすると、鼻《はな》から魂《たましい》が抜《ぬ》けて早死《はやじ》にする」といわれていて、それを防《ふせ》ぐために「くさめ」という呪文《じゅもん》を唱《とな》えたのです。では「くさめ」の語源《ごげん》はとなると、こちらは諸説《しょせつ》あって、はっきりしていないようです。

45

てるてる坊主《ぼうず》は、明日《あした》、天気《てんき》にしてくれるの？

信《しん》じる者《もの》は、救《すく》われる？

運動会《うんどうかい》や遠足《えんそく》などの前《まえ》の日《ひ》、白《しろ》い布《ぬの》を丸《まる》めて顔《かお》のない人形《にんぎょう》を作《つく》って軒先《のきさき》に飾《かざ》り「明日《あした》、天気《てんき》にしておくれ」と願《ねが》ったことがある人《ひと》も多《おお》いでしょう。この風習《ふうしゅう》が広《ひろ》まったのは江戸《えど》時代中《じだいちゅう》期《き》のようで、当時《とうじ》の本《ほん》の中《なか》に「てるてる法師《ほうし》を飾《かざ》って晴天《せいてん》になったら、瞳《ひとみ》を書《か》いてお酒《さけ》を供《そな》えて川《かわ》に流《なが》す」という記述《きじゅつ》があります。てるてる坊主《ぼうず》のルーツは中国《ちゅうごく》で、長雨《ながあめ》を止《と》めた美《うつく》しい少女《しょうじょ》の伝説《でんせつ》にちなんだ紙人形《かみにんぎょう》を家《いえ》につるすと、雨雲《あまぐも》を払《はら》ってくれると信《しん》じられているそうです。

コラム

晴《は》れではなく雨降《あめふ》りを願《ねが》う時《とき》には、上下逆《じょうげさか》さまにしてつるすそうです。逆《さか》さまになったてるてる坊主《ぼうず》は、「あめあめ坊主《ぼうず》」「るてるて坊主《ぼうず》」などと呼《よ》ばれます。

46

初物《はつもの》を食《た》べると、長生《ながい》きできる？

江戸時代《えどじだい》の罪人《ざいにん》の必死《ひっし》の知恵《ちえ》だった？

季節《きせつ》ごとに最初《さいしょ》に食《た》べる旬《しゅん》の食《た》べ物《もの》を「初物《はつもの》」と呼《よ》びます。「初物七十五《はつものしちじゅうご》日《にち》」ということわざもあり、初物《はつもの》を食《た》べると寿命《じゅみょう》が75日《にち》延《の》びるといいます。これは江戸時代《えどじだい》、死刑《しけい》を執行《しっこう》される前《まえ》に「食《た》べたいものをなんでも与《あた》える」と言《い》われた罪人《ざいにん》が、別《べつ》の季節《きせつ》の食《た》べ物《もの》をリクエストして75日間《にちかん》、延命《えんめい》することができたというエピソードが庶民《しょみん》に広《ひろ》まった際《さい》に、「初物《はつもの》を食《た》べると75日《にち》、長生《ながい》きできる」にすり変《か》わってしまったという説《せつ》などがあります。

コラム

初物《はつもの》は「笑《わら》いながら食《た》べると福《ふく》が来《く》る」という言《い》い伝《つた》えもあります。この時《とき》、関東《かんとう》の人《ひと》は西《にし》を、関西《かんさい》の人《ひと》は東《ひがし》を向《む》く風習《ふうしゅう》がありますが、その理由《りゆう》の一《ひと》つは、お互《たが》いに「そっちより先《さき》に初物《はつもの》を食《た》べたぞ」と自慢《じまん》したいからだとか。

47

天《てん》ぷらとスイカは一緒《いっしょ》に食《た》べちゃいけない？

用心《ようじん》はしたほうがいい

一緒《いっしょ》に食《た》べると体《からだ》に悪《わる》いとされる食《た》べ物《もの》の組《く》み合《あ》わせを「食《く》い合《あ》わせ」といい、先人《せんじん》の経験《けいけん》による知恵《ちえ》として言《い》い伝《つた》えられてきました。夏《なつ》の食《た》べ物《もの》としてスイカは江戸時代《えどじだい》から人気《にんき》があったため、その分《ぶん》、料理書《りょうりしょ》の食《く》い合《あ》わせの中《なか》にもスイカはよく登場《とうじょう》したみたいです。その一《ひと》つが天《てん》ぷらとスイカ。脂《あぶら》っこくて消化《しょうか》しにくい天《てん》ぷらと、水《すい》分《ぶん》の多《おお》いスイカを一緒《いっしょ》に食《た》べるのは、現代《げんだい》でも人《ひと》によってはお腹《なか》を壊《こわ》しやすいそうなので、注意《ちゅうい》するに越《こ》したことはなさそうです。

コラム

「飲《の》み合《あ》わせ」という言葉《ことば》もあり、主《おも》に薬《くすり》を飲《の》む時《とき》に使《つか》われます。たとえばお茶《ちゃ》で薬《くすり》を飲《の》むと、その成分《せいぶん》が効《き》き目《め》に悪《わる》い影響《えいきょう》を与《あた》えてしまうことがあります。薬《くすり》は、水《みず》かぬるま湯《ゆ》で飲《の》むことを前提《ぜんてい》に効果《こうか》が出《で》るように作《つく》られているからです。

48

「宵越《よいご》しのお茶《ちゃ》は飲《の》むな」の理由《りゆう》

急須《きゅうす》に一晩《ひとばん》入《い》れっぱなしのお茶《ちゃ》は、危険《きけん》

急須《きゅうす》に残《のこ》った前日《ぜんじつ》のお茶《ちゃ》を飲《の》もうとして「飲《の》んじゃダメ！」と止《と》められたことはありませんか？　日本《にほん》では昔《むかし》から「宵越《よいご》しのお茶《ちゃ》は飲《の》むな」という言《い》い伝《つた》えがあります。理由《りゆう》は、お茶《ちゃ》の葉《は》っぱ（茶葉《ちゃば》）にはカテキンとタンパク質《しつ》が含《ふく》まれていて、抗菌作用《こうきんさよう》のあるカテキンはお茶《ちゃ》をいれるごとに減《へ》る一《いっ》方《ぽう》、タンパク質《しつ》はとどまり、腐《くさ》りやすくなるから。またカテキンが酸化《さんか》してできるタンニンは、とりすぎると胃《い》を傷《いた》めるため、古《ふる》いお茶《ちゃ》を飲《の》むと吐《は》き気《け》や下痢《げり》の原因《げんいん》になるのです。

コラム

ペットボトルのお茶《ちゃ》なら葉《は》が腐《くさ》る心配《しんぱい》はなさそうですが、こちらの場合《ばあい》は飲《の》み残《のこ》しに注意《ちゅうい》。開封《かいふう》したら空気中《くうきちゅう》のホコリや雑菌《ざっきん》などが入《はい》り込《こ》んで中身《なかみ》が変質《へんしつ》します。特《とく》に口《くち》をつけて飲《の》んだ場合《ばあい》は、8時間《じかん》を目安《めやす》に飲《の》みきりましょう。

49

夜《よる》に口笛《くちぶえ》を吹《ふ》くと、どうなるの？

蛇《へび》が出《で》るか、しかられるか

神社《じんじゃ》で神事《しんじ》を行《おこな》う際《さい》に、笛《ふえ》や琴《こと》が演奏《えんそう》されることが多《おお》いのは、音色《ねいろ》で神様《かみさま》に来《き》てもらうためでもあります。そしてよく似《に》ている口笛《くちぶえ》の音《おと》にも同《おな》じ力《ちから》があると信《しん》じられてきました。夜《よる》になると、神仏《しんぶつ》などの聖《せい》なる存在《そんざい》に代《か》わって鬼《おに》や悪霊《あくりょう》などが活動《かつどう》を始《はじ》めます。夜《よる》に吹《ふ》く口笛《くちぶえ》は、そういう悪《わる》い霊《れい》を引《ひ》き寄《よ》せてしまうかもしれません。それを恐《おそ》れた大人《おとな》たちが、子《こ》どもたちを「蛇《へび》が出《で》る」などと脅《おど》かしたようです。もっとも、夜《よる》の口笛《くちぶえ》が近所迷惑《きんじょめいわく》だからという説《せつ》もありますが。

コラム

口笛《くちぶえ》でメロディーが吹《ふ》ける人《ひと》は集団全体《しゅうだんぜんたい》の３分《ぶん》の１、音《おと》だけは出《だ》せる人《ひと》も３分《ぶん》の１、残《のこ》り３分《ぶん》の１は音《おと》さえ出《だ》せないという調査結《ちょうさけっ》果《か》があるそうです。

コラム

迷信《めいしん》が生《う》まれる理由《りゆう》

「迷信《めいしん》」とは科学的《かがくてき》な根拠《こんきょ》がないのに、かたくなに信《しん》じられている言《い》い伝《つた》えなどのことです。「黒猫《くろねこ》が目《め》の前《まえ》を横切《よこぎ》ると悪《わる》いことが起《お》きる」「しゃっくりが100回《かい》止《と》まらないと、死《し》ぬ」などは、日常的《にちじょうてき》に聞《き》くことも多《おお》い縁《えん》起《ぎ》の悪《わる》い迷信《めいしん》です。反対《はんたい》に「耳《みみ》たぶが大《おお》きいと金持《かねも》ちになる」「湯呑《ゆのみ》の中《なか》に茶柱《ちゃばしら》が立《た》つと、いいことがある」など、縁起《えんぎ》がよい迷信《めいしん》もたくさんあります。多《おお》くは、偶然《ぐうぜん》の経験《けいけん》から発《はっ》展《てん》して定着《ていちゃく》したと考《かんが》えられています。たとえば、たまたまお金持《かねも》ちに耳《みみ》たぶの大《おお》きい人《ひと》が多《おお》かったとか、黒猫《くろねこ》が目《め》の前《まえ》を横切《よこぎ》った日《ひ》に交通事故《こうつうじこ》にあってしまったとか……。

　また、この本《ほん》でもいくつか紹介《しょうかい》したように、「夜《よる》に口笛《くちぶえ》を吹《ふ》いてはいけない」といった禁《きん》止事項《しじこう》を守《まも》らせるために作《つく》られた迷信《めいしん》もあるようです。

五章《ごしょう》

日本《にほん》の食《た》べ物《もの》にまつわる“なぞ”

50

年《とし》越《こ》しそばは、いつ食《た》べるのが正解《せいかい》？

大《おお》みそかの日《ひ》なら、いつ食《た》べてもOK《オーケー》

「年《とし》越《こ》しそば」の習慣《しゅうかん》が始《はじ》まったのは、江戸《えど》時代《じだい》中期《ちゅうき》頃《ごろ》だといわれています。そばに「細《ほそ》く長《なが》く生《い》きられますように」と長寿《ちょうじゅ》への祈《いの》りを込《こ》めました。またそばは、たとえばうどんやラーメンに比《くら》べると切《き》れやすい麺《めん》です。その特徴《とくちょう》が「今年《ことし》の災厄《さいやく》を断《た》ち切《き》る」ことに通《つう》じるとして、一年《いちねん》の最後《さいご》の日《ひ》の食《た》べ物《もの》として好《この》まれました。食《た》べるのは大《おお》みそか中《ちゅう》ならいつでも構《かま》いませんが（年《とし》が明《あ》けてから食《た》べる地域《ちいき》もある）、「今年《ことし》の災厄《さいやく》を断《た》ち切《き》る」なら新年《しんねん》を迎《むか》える前《まえ》に食《た》べ終《お》わるのがよさそうです。

コラム

地域《ちいき》によっては「年越《としこ》しうどん」を食《た》べる家庭《かてい》も少《すく》なくありません。「運《うん》を呼《よ》ぶ」という語呂《ごろ》合《あ》わせを楽《たの》しみ、形状《けいじょう》に引《ひ》っかけて「太《ふと》く長《なが》く生《い》きられますように」との願《ねが》いを込《こ》めているのだとか。

51

おせち料理《りょうり》はどうしてあのメニュー？

鯛《たい》は「めでたい」って……おやじギャグ!?

お正月《しょうがつ》に食《た》べる「重箱《じゅうばこ》のおせち」。定番《ていばん》のおせち料理《りょうり》には意味《いみ》が込《こ》められています。「昆布巻《こぶま》き」は「よろこぶ」、「鯛《たい》」は「めでたい」というダジャレから、「れんこん」の「空《あ》いた穴《あな》から先《さき》を見通《みとお》せるように」、「数《かず》の子《こ》」の「たくさん子《こ》どもが生《う》まれますように」というおまじないのような願《ねが》いまで。大《おお》昔《むかし》からの伝統《でんとう》かと思《おも》ったら、おせちを重箱《じゅうばこ》に詰《つ》めるようになったのは幕末《ばくまつ》から明治時代《めいじじだい》――一般家庭《いっぱんかてい》に定着《ていちゃく》したのは戦後《せんご》になってからの、デパートの販売戦略《はんばいせんりゃく》によるものだそうです。

コラム

「おせち」を漢字《かんじ》で書《か》くと「お節《せち》」。節会《せちえ》（祝《いわ》いの日《ひ》）の料理《りょうり》のことで、本来《ほんらい》は季節《きせつ》の変《か》わり目《め》を祝《いわ》う宴会《えんかい》の御馳走《ごちそう》だったのですが、いつからか正月料理《しょうがつりょうり》だけを指《さ》して「おせち」と呼《よ》ぶようになりました。

52

「イクラ」は日本語《にほんご》じゃないって、本当《ほんとう》？

ロシアではタラコもイクラです？

「イクラ」と聞《き》いて思《おも》い浮《う》かべるのは赤《あか》いサケの卵《たまご》ですよね。お寿司《すし》のネタになっていることもあり日本語《にほんご》のように思《おも》われますが、実《じつ》はロシア語《ご》。ただしロシアではタラコやキャビアなど魚《さかな》の卵全般《たまごぜんぱん》（一部《いちぶ》の両生類《りょうせいるい》なども含《ふく》む）をイクラと呼《よ》ぶそうです。日本人《にほんじん》がイクラと呼《よ》ぶようになったのは大正《たいしょう》から昭和《しょうわ》にかけてのようで（諸説《しょせつ》あり）、ロシア人《じん》が粒状《つぶじょう》にばらしたサケの卵《たまご》を「イクラ」と呼《よ》んでいるのを聞《き》いて、それまで呼《よ》び名《な》を持《も》っていなかった日《に》本人《ほんじん》が勘違《かんちが》いして使《つか》いだしたそうです。

コラム

ロシアから伝《つた》わるまで日本人《にほんじん》はイクラを食《た》べていなかったかというと、そんなことはなく、宮中《きゅうちゅう》における年中行事《ねんちゅうぎょうじ》や制度《せいど》などを集大成《しゅうたいせい》した平安時代《へいあんじだい》の事務規定《じむきてい》『延喜式《えんぎしき》』に「内子鮭《こごもりのさけ》」という、お腹《なか》に卵《たまご》を持《も》ったサケのことが載《の》っています。

53

お正月《しょうがつ》明《あ》けに七草《ななくさ》がゆを食《た》べるのはなぜ？

健康《けんこう》に生《い》きるための庶民《しょみん》の智恵《ちえ》でした

1月7日《がつなのか》に「七草《ななくさ》がゆ」を食《た》べる習《しゅう》慣《かん》は、江戸《えど》時代《じだい》に広《ひろ》まりました。「人《じん》日《じつ》の節句《せっく》」と呼《よ》ばれるこの日《ひ》は、旧暦《きゅうれき》では2月《がつ》の初《はじ》め頃《ごろ》。冬《ふゆ》で青菜《あおな》が少《すく》ない時期《じき》に七草《ななくさ》がゆを食《た》べることで、不足《ふそく》しがちなビタミンをおぎなっていたのでしょう。七草《ななくさ》（せり、なずな、ごぎょう、はこべら、ほとけのざ、すずな、すずしろ）それぞれには意味《いみ》や効《き》き目《め》、ちょっとダジャレ的《てき》な願《ねが》いも込《こ》められています。現代《げんだい》では、お正月《しょうがつ》の食《た》べ過《す》ぎで疲《つか》れた胃《い》を休《やす》めるものとされています。

コラム

古代中国《こだいちゅうごく》の『荊楚歳時記《けいそさいじき》』という本《ほん》に、1月7日《がつなのか》は人《ひと》を殺《ころ》さない(処刑《しょけい》をしない)という決《き》まり事《ごと》が書《か》かれています。それが「人日《じんじつ》」。また「人日《じんじつ》には七種類《ななしゅるい》の若菜《わかな》で羹《あつもの》（温《あたた》かいスープ）をいただく」ともあります。日本《にほん》では平安時代《へいあんじだい》に宇多天皇《うだてんのう》が七種《ななしゅ》の若菜《わかな》を入《い》れたかゆを神様《かみさま》に供《そな》えたのが最初《さいしょ》のようです。

54

肉《にく》じゃがは、ビーフシチューの失敗作《しっぱいさく》だって!?

都市伝説《としでんせつ》だけど、「なるほど！」と広《ひろ》がった？

肉《にく》じゃがは明治時代《めいじじだい》に活躍《かつやく》した海軍《かいぐん》軍人《ぐんじん》・東郷平八郎《とうごうへいはちろう》の「ビーフシチューが食《た》べたい」というリクエストからできた――という説《せつ》があります。ビーフシチューの作《つく》り方《かた》を知《し》らない料理人《りょうりにん》が材料《ざいりょう》だけを聞《き》いて、醤油《しょうゆ》や砂糖《さとう》で味付《あじつ》けをして作《つく》ったのが肉《にく》じゃがだというのですが、これは「作《つく》り話《ばなし》」。すでに当時《とうじ》の洋食屋《ようしょくや》のメニューに「ビーフシチュー」はあり、海軍《かいぐん》もレシピを持《も》っていたそうです。「肉《にく》じゃが」のいちばん古《ふる》い記録《きろく》は１９５０年《ねん》の雑誌《ざっし》の記事《きじ》ですが、ルーツは謎《なぞ》のままです。

コラム

肉《にく》じゃが誕生《たんじょう》の地《ち》をめぐって、広島県呉市《ひろしまけんくれし》と京都府舞鶴市《きょうとふまいづるし》がライバルとして互《たが》いに「うちが発祥《はっしょう》だ」とアピール合戦《がっせん》をしています。作《つく》り方《かた》もそれぞれ違《ちが》い、ジャガイモの大《おお》きさは、呉《くれ》は２分《ぶん》の１、舞鶴《まいづる》は４分《ぶん》の１に切《き》るそうです。

大人《おとな》も知《し》らない？　日本文化《にほんぶんか》のなぞ

55

夏《なつ》になったら ウナギを食《た》べるのは、なぜ？

「う」のつく食《た》べ物《もの》なら、なんでもよかった⁉

「土用《どよう》の丑《うし》の日《ひ》」にウナギを食《た》べる習《しゅう》慣《かん》があります。「土用《どよう》」は立春《りっしゅん》、立夏《りっか》、立秋《りっしゅう》、立冬《りっとう》の直前《ちょくぜん》の18日間《にちかん》で年《ねん》に四度《よんど》ありますが、ウナギを食《た》べるのは夏《なつ》の土用《どよう》。江戸時代《えどじだい》には「う」のつく食《た》べ物《もの》を食《た》べると夏《なつ》バテしないといわれていました。ところが夏《なつ》に味《あじ》が落《お》ちるウナギは売《う》れない。困《こま》ったウナギ屋《や》が、蘭学者《らんがくしゃ》の平賀源内《ひらがげんない》に相談《そうだん》をしたところ、「本日《ほんじつ》土用《どよう》丑《うし》の日《ひ》」と紙《かみ》を貼《は》りだせばとのアドバイス。すると大繁盛《だいはんじょう》したために定着《ていちゃく》した——といわれますが、根《こん》拠《きょ》は不明《ふめい》です。

コラム

平賀源内《ひらがげんない》は医者《いしゃ》、戯作者《げさくしゃ》、画家《がか》、さらには発明家《はつめいか》でもあるという江戸時代《えどじだい》の万能《ばんのう》の天才《てんさい》です。壊《こわ》れていた外国製《がいこくせい》の静電気発生装置《せいでんきはっせいそうち》「エレキテル」を復元《ふくげん》したことでも有名《ゆうめい》。

56

クリームソーダは、どうして生《う》まれた？

ソーダ水《すい》は、昔《むかし》から薬《くすり》として飲《の》まれてきました

日本《にほん》で最初《さいしょ》にクリームソーダが売《う》り出《だ》されたのは１９０２年《ねん》。銀座《ぎんざ》にあった薬局《やっきょく》・資生堂《しせいどう》の中《なか》に作《つく》られた「ソーダファウンテン」というお店《みせ》が「アイスクリームソーダ」という名前《なまえ》で提《てい》供《きょう》しました。なぜ薬局《やっきょく》かというと、資《し》生堂《せいどう》の創業者《そうぎょうしゃ》・福原有信《ふくはらありのぶ》がアメリカでクリームソーダに出会《であ》い、それを日《に》本《ほん》に持《も》ち込《こ》んだからです。アメリカでは１８００年代初頭《ねんだいしょとう》から治療薬《ちりょうやく》としてソーダ水《すい》にシロップなどを混《ま》ぜた飲《の》み物《もの》が売《う》られていて、氷《こおり》の代用《だいよう》でアイスを使《つか》ったのがクリームソーダです。

コラム

緑色《みどりいろ》のメロンソーダにアイスを浮《う》かべたクリームソーダに関《かん》していえば、これは日本《にほん》のオリジナルのようです。アメリカにメロンソーダのクリームソーダが輸出《ゆしゅつ》された時《とき》には、大人気《だいにんき》になったとか。

監修◆藤《ふじ》井《い》青銅《せいどう》

第1回「星新一ショートショートコンテスト」入賞を機に作家になる。脚本家としてはNHK-FMの「FMシアター」「青春アドベンチャー」などで多くのラジオドラマを書く。オードリーの『オールナイトニッポン』の構成も。落語家・柳家花緑に全国47都道府県の新作落語を書くプロジェクトを実施中。著書『ラジオな日々』（小学館）、『「日本の伝統」の正体』（新潮社）、『「日本の伝統」という幻想』（柏書房）、『一日で一気に学ぶ超日本史　「歴史」がつながらないアナタに』（扶桑社）、『トークの教室　「面白いトーク」はどのように生まれるのか』（河出書房新社）など多数。

大人《おとな》も知《し》らない？　日《に》本《ほん》文《ぶん》化《か》のなぞ事典《じてん》

2024年　12月21日　初版発行

編者　日《に》本《ほん》文《ぶん》化《か》のなぞ研究会《けんきゅうかい》
監修　藤井青銅
発行人　子安喜美子
発　行　株式会社マイクロマガジン社
〒104-0041　東京都中央区新富1-3-7　ヨドコウビル
TEL.03-3206-1641　FAX.03-3551-1208（営業部）
TEL.03-3551-9564　FAX.03-3551-9565（編集部）
https://micromagazine.co.jp
印刷製本　株式会社光邦
編集担当　太田和夫

企画・制作　micro fish
構成・文　白鳥美子
イラスト　いぢちひろゆき
画像提供　ピクスタ
カバー・本文デザイン　平林亜紀（micro fish）
校正　芳賀惠子

ISBN978-4-86716-679-6　C8081